『通古察今』系列丛书

汉代的历史变易思想

汪高鑫 著

河南人民出版社

图书在版编目(CIP)数据

汉代的历史变易思想 / 汪高鑫著. —郑州：河南人民出版社，2019.12(2025.3 重印)
("通古察今"系列丛书)
ISBN 978-7-215-12008-2

Ⅰ. ①汉… Ⅱ. ①汪… Ⅲ. ①政治思想史-研究-中国-汉代 Ⅳ. ①D092.34

中国版本图书馆 CIP 数据核字(2019)第 271359 号

河南人民出版社出版发行
(地址:郑州市郑东新区祥盛街27号 邮政编码:450016 电话:0371-65788075)
新华书店经销　　环球东方(北京)印务有限公司印刷
开本　787mm×1092mm　　1/32　　印张　6
字数　84千
2019年12月第1版　　2025年3月第3次印刷

定价：52.00元

"通古察今"系列丛书编辑委员会

顾　问　刘家和　瞿林东　郑师渠　晁福林
主　任　杨共乐
副主任　李　帆
委　员　(按姓氏拼音排序)
　　　　安　然　陈　涛　董立河　杜水生　郭家宏
　　　　侯树栋　黄国辉　姜海军　李　渊　刘林海
　　　　罗新慧　毛瑞方　宁　欣　庞冠群　吴　琼
　　　　张　皓　张建华　张　升　张　越　赵　贞
　　　　郑　林　周文玖

序　言

在北京师范大学的百余年发展历程中，历史学科始终占有重要地位。经过几代人的不懈努力，今天的北京师范大学历史学院业已成为史学研究的重要基地，是国家首批博士学位一级学科授予权单位，拥有国家重点学科、博士后流动站、教育部人文社会科学重点研究基地等一系列学术平台，综合实力居全国高校历史学科前列。目前被列入国家一流大学一流学科建设行列，正在向世界一流学科迈进。在教学方面，历史学院的课程改革、教材编纂、教书育人，都取得了显著的成绩，曾荣获国家教学改革成果一等奖。在科学研究方面，同样取得了令人瞩目的成就，在出版了由白寿彝教授任总主编、被学术界誉为"20世纪中国史学的压轴之作"的多卷本《中国通史》后，一批底蕴深厚、质量高超的学术论著相继问世，如八卷本《中国文化发展史》、二十卷本"中国古代社会和政治研究丛书"、三卷本《清代理学史》、五卷本《历史文化认同与中国统一多民族国家》、二十三卷本《陈垣全集》，以及《历史视野下的中华民族精神》《中西古代历史、史学与理论比较研究》《上博简〈诗论〉研究》等,这些著作皆声誉卓著,在学界产生较大影响,得到同行普遍好评。

除上述著作外,历史学院的教师们潜心学术,以探索精神攻关,又陆续取得了众多具有原创性的成果,在历史学各分支学科的研究上连创佳绩,始终处在学科前沿。为了集中展示历史学院的这些探索性成果,我们组织编写了这套"通古察今"系列丛书。丛书所收著作多以问题为导向,集中解决古今中外历史上值得关注的重要学术问题,篇幅虽小,然问题意识明显,学术视野尤为开阔。希冀它的出版,在促进北京师范大学历史学科更好发展的同时,为学术界乃至全社会贡献一批真正立得住的学术佳作。

当然,作为探索性的系列丛书,不成熟乃至疏漏之处在所难免,还望学界同人不吝赐教。

北京师范大学历史学院
北京师范大学史学理论与史学史研究中心
北京师范大学"通古察今"系列丛书编辑委员会
2019 年 1 月

目 录

前 言 \ 1

第一章 陆贾的历史变易思想 \ 4
一、"逆取而以顺守之":对历史治乱兴衰的一种理解 \ 9
二、"三圣"说与古今论:关于历史变易与发展的表述形式 \ 22

第二章 贾谊对历史盛衰之理的探讨 \ 31
一、"攻守之势异":对秦朝历史盛衰之理的考察 \ 32
二、"民无不为本":贾谊仁政思想的核心 \ 39
三、以礼治国:贾谊的政治历史秩序论 \ 45

第三章 "三统"说与董仲舒的历史变易思想 \ 52
一、"三统"说的基本思想内涵 \ 52

二、"三统"说的变易更化实质 \ 63

第四章　司马迁历史变易思想的理论渊源 \ 74

一、哲理基础：《周易》的通变思想 \ 75

二、对邹衍五德终始历史变易观的汲取 \ 81

三、对董仲舒"三统"历史变易观的汲取 \ 88

第五章　刘歆的新五德终始历史学说 \ 100

一、新五德终始说是刘歆而非刘向的历史学说 \ 101

二、新五德终始学说及其创立的政治动机和历史依据 \ 107

三、新五德终始说蕴含的历史思想 \ 115

第六章　王充的历史发展观 \ 130

一、对是古非今论的批判 \ 131

二、肯定"汉盛于周"的历史发展论 \ 140

第七章　何休对公羊"三世"说的理论构建 \ 157

一、公羊"三世"说的理论渊源 \ 158

二、何休"三世"说的思想内涵 \ 163

三、"张三世"与"通三统""异内外"的关系 \ 170

参考书目 \ 179

前 言

历史存在的本质形态便是变易,没有变易就没有历史。早在上古时代,我们的先人就已经对这个问题有了认识。《周易》提出的"《易》穷则变,变则通,通则久"的通变思想,是古代中国最早关于历史变易问题的认识。通变思想是《周易》最有价值的思想之一,其核心是强调自然与社会变易的普遍性和必要性。战国时期的阴阳家邹衍提出五行相胜之五德终始说,认为历史的变易、朝代的更替是按照土、木、金、火、水五行相胜顺序周而复始循环进行的,以此观照战国以前的王朝更替,依次为土德黄帝、木德大禹、金德商汤、火德文王。西汉董仲舒提出"三统"历史变易学说,认为历史朝代是按照黑统、白统和赤统三统依次循环更替的,凡异姓受命而王,必须改正朔,易服色，变易文物制度。这些变易思想，成为传统史学"通古今之变"思想的理论渊源。

汉代是历史变易思想取得重要发展的时期。这一时期的史家普遍重视"通古今之变"，提出了丰富的历史变易思想。汉初陆贾著《新语》，总结秦朝灭亡的教训，得出"逆取顺守"的历史认识，肯定霸道"逆取"天下，而以仁义王道"顺守"天下；认为从先圣、中圣到后圣的古往今来的历史，是一个礼义制度不断创制和社会不断发展的过程。贾谊发表"过秦"之论，提出了"攻守势异"的历史变易认识，指出秦朝亡于仁义不施，逆势而行；期望汉朝能够以民为本，实行礼治。司马迁是第一个提出以"通古今之变"为撰述旨趣的史家，《史记》是第一部贯通三千年的纪传体通史。司马迁以"原始察终，见盛观衰"作为"通古今之变"的基本方法，依据《易》穷则变"之理提出"承敝易变"的历史变革论，同时还汲取了邹衍五德终始说和董仲舒"三统"说的历史循环变易思想，将传统史学历史变易思想推向高峰。

汉代经学家普遍重视构建历史变易学说。今文经学家董仲舒的"三统"说，肯定历史是按照黑、白、赤三统循环变易的，新朝受天命而王，需要改正朔、易服色，进行文物制度变革。"三统"说以王朝循环更替为表象，以倡导历史更化为实质。汉末今文经学家何休通过改造《公羊传》的《春秋》"三世"划分（所见世、所闻世、所传闻世）说，提出了别开生面的新的公羊"三世"说，肯定历史的发展必然经历从衰乱、升平到太平的"三世"发展过程，太平之世是一个行仁讲义的文明社会。何休的历史变易思想肯定了历史不断进步和发展。古文经学家刘歆提出五行相生之五德终始说，认为王朝更替是依照木、火、土、金、水五行循环进行的，据此构建了一个以伏羲"为百王先"的新的历史系统。刘歆的王朝更替史观为班固《汉书》所接受，在汉代以后得到长期流行。

东汉杰出思想家王充也发表了关于历史变易的观点。他从体质容貌、社会治理、节义道德和帝王治绩等四个方面今胜于古的历史事实，对当时流行的是古非今论进行了批判；他以社会太平与否，作为王朝是否为盛世的标准；他通过文明进化、疆域拓展、文治武功、帝王仁德和瑞应显现等五个方面对汉代与周代历史进行对比，由此得出"汉盛于周"的结论，体现了其肯定历史变易与发展的思想。

第一章　陆贾的历史变易思想

　　陆贾（约前240—前170年），西汉初期著名的政治家、思想家、外交家和史学家。在政治实践中，陆贾亲身参加了秦末反秦战争，"以客从高祖定天下，名为有口辩士，居左右，常使诸侯"[1]。西汉初年，陆贾分别于汉高祖十一年和汉文帝即位之初，两次奉命出使南越。首次出使，使南越武王赵佗接受了汉朝"南越王"的封号，"称臣奉汉约"；二次出使，使赵佗答应"去帝制黄屋左纛"，致使终文景两朝，南越"朝命如诸侯"[2]。就在高祖十一年首次出使南越归后，陆贾与刘邦进行了一场关于"居马上得之，宁可以马上治之"的著名对话，提出了"逆取而以顺守之"的治国之

[1] 《史记》卷九十七，《郦生陆贾列传》，中华书局1959年版。
[2] 《史记》卷一一三，《南越列传》，中华书局1959年版。

第一章　陆贾的历史变易思想

策,对西汉初年统治政策的改变有着重要影响。此外,陆贾还在诛灭诸吕集团和拥戴汉文帝二事上扮演了重要角色,司马迁说:"及诛诸吕,立孝文帝,陆生颇有力焉。"[1]陆贾终其一生,虽然官位仅止太中大夫,却事功显赫,身名俱荣,而以寿终。正如班固所说:"陆贾位止大夫,致仕诸吕,不受忧责,从容平、勃之间,附会将相以强社稷,身名俱荣,其最优乎!"[2]

作为思想家和史学家,陆贾给后人留下了两部重要著作,这便是《新语》和《楚汉春秋》。《新语》乃奉帝王之命而作,它既是一部政论著作,又是一部历史著作。汉高祖十一年,刘邦因反感陆贾常常以《诗》《书》进说而怒骂说:"乃公居马上而得之,安事《诗》《书》!"陆贾则反驳道:"居马上得之,宁可以马上治之乎?"并警告刘邦说:"乡使秦已并天下,行仁义,法先圣,陛下安得而有之?"对于陆贾的发问,汉高祖刘邦面有惭色,无以对答。于是对陆贾说,"试为我著秦所以失天下,吾所以得之者何,及古成败之

---

[1] 《史记》卷九十七,《郦生陆贾列传》,中华书局1959年版。
[2] 《汉书》卷四十三,《陆贾传》,中华书局1962年版。

国。"[1]陆贾奉命而撰成的这部著作便是《新语》。《新语》一书，共十二篇，陆贾每写完一篇，便上奏高祖刘邦一篇，每篇都得到了刘邦的称许，左右大臣也迎合着欢呼万岁。很显然，陆贾"粗述存亡之征"而成的《新语》，对汉初政治无疑产生了重要影响。对于《新语》的影响和地位，后人已经作了充分肯定。班固在《答宾戏》中写道："陆子优繇，《新语》以兴；董生下帷，发藻儒林；刘向司籍，辩章旧闻；扬雄覃思，《法言》《大玄》。"[2]在班固看来，陆贾因作《新语》，而与董仲舒、刘向、扬雄在思想史上拥有同等地位。东汉思想家王充则更是给予陆贾以崇高的评价，他说："《新语》，陆贾所造，盖董仲舒相被服焉，皆言君臣政治得失，言可采行，事美足观。鸿知所言，参贰经传，虽古圣之言，不能过增。陆贾之言，未见遗阙；而仲舒之言雩祭可以应天，土龙可以致雨，颇难晓也。"[3]在王充看来，陆贾《新语》言无遗阙，连董仲舒也"相被服"。《楚汉春秋》则是一部记载秦汉之际史事的近代史，班

---

[1]《史记》卷九十七，《郦生陆贾列传》，中华书局1959年版。

[2]《汉书》卷一百上，《叙传》，中华书局1962年版。

[3] 王充:《论衡》卷二十九，《案书》，黄晖校释本，中华书局1990年版。

第一章 陆贾的历史变易思想

彪、班固、司马贞等人皆肯定为陆贾所撰。作为汉初仅有的一部反映秦汉之际历史的近代史著作,《楚汉春秋》有着较高的史料价值,是司马迁撰写《史记》的重要参考文献之一。对于《楚汉春秋》的史料价值,后人也给予了较高的评价,班固说:"秦兼诸侯,有《战国策》。汉兴伐秦定天下,有《楚汉春秋》。故司马迁据《左氏》《国语》,采《世本》《战国策》,述《楚汉春秋》,接其后事,讫于大汉。其言秦汉,详矣。"[1]一方面肯定《楚汉春秋》是记载秦汉之际史事的重要史著,一方面认为它与《左传》《国语》《世本》《战国策》都是司马迁撰写《史记》所参考的重要资料。史评家刘知幾则更是对《楚汉春秋》推崇备至,他说:"刘氏初兴,书唯陆贾而已。子长述楚汉之事,专据此书。"[2]《楚汉春秋》今已散佚,但其不少内容因被后人著作大量引用而得以保存,由此出现了一些辑本。如洪颐煊所辑的《楚汉春秋佚文》,据其资料来源统计就有:《史记集解》1条、《史记索隐》20条《史记正义》5条《汉书》颜注4条、

---

[1]《汉书》卷六十二,《司马迁传》,中华书局1962年版。
[2]《史通》卷十六,《杂说上》,浦起龙通释本,上海古籍出版社2009年版。

《汉书》晋灼注1条、《后汉书》注1条、《史通》1条、《困学纪闻》1条、《水经注》1条、《北堂书钞》3条、《文选》注7条、《艺文类聚》3条、《太平御览》20条。[1]《楚汉春秋》被后人所大量引用,无疑也体现了它的史料价值。当然,《楚汉春秋》的史料价值还与陆贾的直书不隐精神分不开。此举一例:《史记》卷七《项羽本纪》载有陆贾奉命"说项王,请太公"失败,而侯公出使却取得成功一事,《史记正义》在此引述了《楚汉春秋》所载高祖因此封侯公一事:"上欲封之,乃肯见。曰:'此天下之辨士,所居倾国,故号曰平国君。'"并作按语道:"说归太公、吕后,能和平邦国。"《楚汉春秋》是否记载陆贾本人这次有辱君命的出使不得而知,但它却明确记载了侯公的成功出使,给予侯公以高度评价,仅此可知他实际上等于是间接地表述了自己这次出使的失败,他并没有为己讳言此事。王利器认为,"说项王归太公、吕后事,陆贾实在有辱君命。现在虽然仅见侯公说项王一节,必然是陆贾无功,才命侯公复往而蹴成之。则陆贾之记此事,必然要详其本末,可

---

[1] 王利器:《新语校注·附录二》,新编诸子集成(第一辑),中华书局1986年版。

以想见，当其秉笔直书之时，必然不会为己之失败而掩饰，则其史德，亦足以风人矣。"[1]他对陆贾的直书不隐精神给予了高度评价。

作为思想家和史学家，陆贾的历史变易思想是极其丰富的。众所周知，秦汉之际是一个风云突变的时代，秦的速亡和汉的突兴，引起了汉初政治家、思想家和史学家们的诸多深思，他们迫切希望通过对过去历史特别是秦朝历史变易的反思，从中总结出历史的经验教训，而为汉代政治提供借鉴。陆贾无疑是他们中间的重要代表人物之一。陆贾的历史变易思想概言之主要包括以下两个方面：

一、"逆取而以顺守之"：对历史治乱兴衰的一种理解

"逆取顺守"是陆贾与刘邦辩论"居马上得之，宁可以马上治之"时提出的统治天下之术。当刘邦辱骂他"乃公居马上而得之，安事《诗》《书》"时，陆贾针

---

[1] 王利器：《新语校注·前言》，新编诸子集成（第一辑），中华书局1986年版。

锋相对道:"居马上得之,宁可以马上治之乎?且汤、武逆取而以顺守之,文武并用,长久之术也。"[1] 正如牛运震《史记评注》所说的:"'逆取顺守'四字,道理极深,似涉权术家言,实三代以后有天下者不易之道也。"这里"似涉权术家言"似有贬义,但牛运震肯定其"道理极深",为"不易之道"。应该说,"逆取顺守"的提出,是建立在陆贾对历史的深刻反思基础上的,是他对历史治乱兴衰的一种理解。

"逆取"是指一种力政或霸道。陆贾肯定暴力在夺取政权过程中的积极作用,并认为这是古圣王传示后人的一条成功经验。他认为商汤、周武王都是通过武力而夺取政权的,"若汤、武之君,伊、吕之臣,因天时而行罚,顺阴阳而运动,上瞻天文,下察人心,以寡服众,以弱制强,革车三百,甲卒三千,征敌破众,以报大仇,讨逆乱之君,绝烦浊之原,天下和平,家给人足,正夫行仁,商贾行信,齐天地,致鬼神"[2]。但在夺取政权后,他们都改变了统治术,而推行王道

---

[1] 《史记》卷九十七,《郦生陆贾列传》,中华书局1959年版。
[2] 王利器:《新语校注·慎微》,新编诸子集成(第一辑),中华书局1986年版。

第一章 陆贾的历史变易思想

政治,即所谓"逆取而以顺守之,文武并用"。同样,对于秦始皇以武力兼并六国、统一天下的做法,陆贾也是采取肯定态度的。但他认为,秦统一以后,却不知道改变统治政策,而继续推行"逆取"天下时的做法,结果导致了国家的迅速败亡。他说:"秦始皇设刑罚,为车裂之诛,以敛奸邪,筑长城于戎境,以备胡、越,征大吞小,威震天下,将帅横行,以服外国,蒙恬讨乱于外,李斯治法于内,事逾烦天下逾乱,法逾滋而天下逾炽,兵马益设而敌人逾多。秦非不欲治也,然失之者,乃举措太众、刑法太极故也。"[1] 在他看来,秦始皇也想治理好天下,但他却不懂得夺取政权与巩固政权的做法是不相同的。也就是说,他只知"逆取"而不知"顺守",在统一天下以后,还一味地推行力政,"举措太众、刑法太极",结果导致政权的迅速败亡。他认为历史上有很多统治者都不懂得"顺守"之术,其结果往往是重者亡国,轻者身死国乱。如晋厉公、齐庄公、楚灵王、宋襄公之流皆是如此,他们"乘大国之权,杖众民之威,军师横出,陵轹诸侯,外骄

---
[1] 王利器:《新语校注·无为》,新编诸子集成(第一辑),中华书局1986年版。

敌国，内刻百姓，邻国之雠结于外，群臣之怨积于内，而欲建金石之统，断不绝之世，岂不难哉？"结果"金石之统"不但没有建成，倒是自己死于非命，"宋襄公死于泓之战，三君弑于臣之手"。所以陆贾告诫后人说："三君强其威而失其国，急其刑而自贼，斯乃去事之戒，来事之师也。"[1]

当然，陆贾"逆取顺守"的落脚点还在于"顺守"，强调"逆取"天下以后必须推行王道政治。众所周知，王道政治是先秦儒家文化观、政治家的一个基本内涵，陆贾的"顺守"之论无疑是对这种文化观、政治观的一种继承。与先儒略有不同的是，陆贾把推行王道政治看作是古圣王"逆取"天下之后而采取的一种基本统治术，而不是像先儒那样，一味地只讲王道、不讲霸道，只讲顺守、不讲逆取。那么，陆贾"顺守"之论的具体内涵究竟是什么呢？这在高祖十一年陆贾面折刘邦时已作了明确表述，这便是"行仁义，法先圣"。

首先，要无为而治。陆贾的无为之论当然是针对秦朝政治过于有为而作有感之发的。如前所说，陆贾

---

[1] 王利器：《新语校注·至德》，新编诸子集成（第一辑），中华书局1986年版。

第一章　陆贾的历史变易思想

认为秦朝过于有为的政治导致的结果则是"事逾烦天下逾乱,法逾滋而天下逾炽,兵马益设而敌人逾多"。因此,他认为"顺守"天下,最好的办法就是推行无为政治。他说:"道莫大于无为,行莫大于谨敬。何以言之?昔舜治天下也,弹五弦之琴,歌《南风》之诗,寂若无治国之意,漠若无忧天下之心,然而天下大治。周公制作礼乐,郊天地,望山川,师旅不设,刑格法悬,而四海之内,奉供来臻,越裳之君,重译来朝。故无为者乃有为也。"[1] 这段话包含了两层含义:一是认为无为乃最大之道,也是古圣王治国之道;二是肯定只有通过无为,才能达到有为。陆贾为他的无为政治设计了一个美好的蓝图:"是以君子之为治也,块然若无事,寂然若无声,官府若无吏,亭落若无民,闾里不讼于巷,老幼不愁于庭,近者无所议,远者无所听,邮无夜行之卒,乡无夜召之征,犬不夜吠,鸡不夜鸣,耆老甘味于堂,丁男耕耘于野,在朝者忠于君,在家者孝于亲;于是赏善罚恶而润色之,兴辟雍庠而教诲之,然后贤愚异议,廉鄙异科,长幼异节,上下有差,

---

[1] 王利器:《新语校注·无为》,新编诸子集成(第一辑),中华书局1986年版。

强弱相扶，大小相怀，尊卑相承，雁行相随，不言而信，不怒而威，岂待坚甲利兵，深牢刻令、朝夕切切而后行哉？"[1] 这段话乍一看先秦道家之言，其实并不然。陆贾的无为论与先秦道家老子、庄子的无为论相比，是存在着很大不同的，其一，陆贾讲逆取，先秦道家则反对逆取；其二，陆贾言无为而以有为为目的，先秦道家则消极遁世；其三，陆贾的政治理想是建立一个既重物质基础，又讲文明道德的社会，而先秦道家则是以小国寡民作为其理想社会。由此可知，陆贾的无为之论，其精神实质是希望统治者在逆取天下以后，要少生事端，轻动干戈，与民休息。而不要像秦朝那样，"举措太众""用刑太极"。他把秦朝的败亡看作是"去事之戒，来事之师"，希望汉王朝认真吸取这一教训，通过无为的办法来"顺守"天下，以使国家达到大治。

其次，"以仁义为本"。陆贾"顺守"论的中心思想是"行仁义"，司马迁在记述陆贾与刘邦的那场争论时已经道出了这一点。陆贾说："治以道德为上，行

---

[1] 王利器：《新语校注·至德》，新编诸子集成（第一辑），中华书局1986年版。

以仁义为本。"[1] 又说:"君子握道而治,居德而行,席仁而坐,杖义而强。"[2] 在陆贾看来,统治者治理国家,必须讲究道德仁义,这是治政之本。陆贾认为,不讲仁义道德的统治者,尽管他一时富有四海、权力无比,其结果必然是功威尽丧、身败名裂。他说:"夫酒池可以运舟,糟丘可以远望,岂贫于财哉?通四海之权,主九州之众,岂弱于武力哉?然功不能自存,而威不能自守,非贫弱也,乃道德不存乎身,仁义不加于下也。"[3] 值得注意的是,在陆贾的言论中,其仁义论多与道德论相提并论,这是儒家本色的一种体现,而与先秦道家有较大不同。道家的老子不但将道德与仁义对立,而且根本否定仁义。《老子》第三十八章明确说道:"失道而后德,失德而后仁,先仁而后义,失义而后礼。"在老子看来,正是由于人们丧失了道德,结果才出现了仁义,因此,仁义是道德沦丧的结果。

---

[1] 王利器:《新语校注·本行》,新编诸子集成(第一辑),中华书局1986年版。

[2] 王利器:《新语校注·道基》,新编诸子集成(第一辑),中华书局1986年版。

[3] 王利器:《新语校注·本行》,新编诸子集成(第一辑),中华书局1986年版。

那么,陆贾仁义论的主要内涵究竟有那些?其一,怀德者得民。陆贾认为,治理国家的根本在于得民,他说:"欲富国强威,辟地服远者,必得之于民。"[1]而能否得民,关键在于统治者是推行德治还是推行法治。陆贾明确指出:"天地之性,万物之类,怀德者众归之,恃刑者民畏之,归之则充其侧,畏之则去其域。故设刑者不厌轻,为德者不厌重,行罚者不患薄,布赏者不患厚,所以亲近而致远也。"[2]在他看来,统治者只有怀德于民,民众才会归顺于他;反之,统治者重设刑罚,民众就会离他而去。陆贾认为,对于统治民众而言,教化的作用要远远大于刑法,所以他说:"夫法令所以诛暴也,故曾、闵之孝,夷、齐之廉,此宁畏法教而为之者哉?故尧、舜之民,可比屋而封,桀、纣之民,可比屋而诛,何者?化使其然也。"[3]由上可知,陆贾在强调以德得民的同时,也对德与法之间的

---

[1] 王利器:《新语校注·至德》,新编诸子集成(第一辑),中华书局1986年版。

[2] 王利器:《新语校注·至德》,新编诸子集成(第一辑),中华书局1986年版。

[3] 王利器:《新语校注·无为》,新编诸子集成(第一辑),中华书局1986年版。

第一章　陆贾的历史变易思想

关系作了论述。他不否认法令的作用，但认为法令旨在诛暴，而教化功在劝善。因此，统治者只有以德得民，而不可以法得民。其二，"笃于义而薄于利"。陆贾认为，以仁义治国的根本点在于富民，而不是困民。因此，作为统治者，就必须要"笃于义而薄于利"，不与民争利。在陆贾看来，统治者与民争利是极其荒谬的，他说："夫释农桑之事，入山海，采珠玑，捕豹翠，消筋力，散布泉，以极耳目之好，快淫侈之心行，岂不谬哉？"[1]同时，统治者与民争利，也决不会有好的下场。他说："故察于利而昏于道者，众之所谋也；果于力而寡于义者，兵之所图也。"[2]认为历史上的鲁庄公便是一个典型的例子："鲁庄公一年之中，以三时兴筑作之役，规虞山林草泽之利，与民争田渔薪菜之饶，刻桷丹楹，眩曜靡丽，收民十二之税，不足以供邪曲之欲，缮不用之好，以快妇人之目，财尽于骄淫，力疲于不急，上困于用，下饥于食，乃遣臧孙辰请滞积于齐，仓廪

---

[1] 王利器：《新语校注·本行》，新编诸子集成（第一辑），中华书局1986年版。

[2] 王利器：《新语校注·本行》，新编诸子集成（第一辑），中华书局1986年版。

空匮，外人知之，于是为齐、卫、陈、宋所伐，贤臣出，邪臣乱，子般杀，鲁国危也。"[1] 有鉴于此，陆贾奉劝统治者一定要谨守仁义道德，而不可贪图民利。同时，为了不使民困，他希望统治者能"不兴不事之功"，从而"稀力役""省贡献"，以养育民力。他告诫统治者说："故圣人卑公室而高道德，恶衣服而劝仁义，不损其行，以好其容，不亏其德，以饰其身，国不兴不事之功，家不藏不用之器，所以稀力役而省贡献也。"[2]

再次，"以圣贤为杖"。陆贾的"顺守"论，不仅强调"行仁义"，而且主张用圣贤。他把仁义比作君主之"巢"，而将圣贤视为君主之"杖"，他说："夫居高者自处不可以不安，履危者任杖不可以不固。自处不安则坠，任杖不固则仆。是以圣人居高处上，则以仁义为巢，乘危履倾，则以圣贤为杖，故高而不坠，危而不仆。"[3] 陆贾重用圣贤的思想，无疑是受到了先秦

---

[1] 王利器：《新语校注·至德》，新编诸子集成（第一辑），中华书局1986年版。

[2] 王利器：《新语校注·本行》，新编诸子集成（第一辑），中华书局1986年版。

[3] 王利器：《新语校注·辅政》，新编诸子集成（第一辑），中华书局1986年版。

第一章　陆贾的历史变易思想

儒家贤能政治观的影响。同样,他论证贤能政治的作用,显然也是与先儒同出一辙,而以古代圣王治国重用人才的成功经验为据。他说:"昔者,尧以仁义为巢,舜以稷、契为杖,故高而益安,动而益固。处宴安之台,承克让之途,德配天地,光被八极,功垂于无穷,名传于不朽,盖自处得其巢,任杖得其人也。"[1] 他认为后世君主则与此相反,他们弃仁义、用刑罚,拒贤纳邪,结果导致政治的衰败乃至国破家亡。如秦朝的政治便是如此,"秦以刑罚为巢,故有覆巢破卵之患;以李斯、赵高为杖,故有顿仆跌伤之祸,何者?所任者非也。"[2] 在陆贾看来,秦政与古圣王之政无疑是形成了鲜明的对比。陆贾正是从古圣王之政与秦政的成功与失败这一正反两方面的经验得出了结论:"故杖圣者帝,杖贤者王,杖仁者霸,仗义者强,杖谗者灭,杖贼者亡。"[3]

当然,陆贾也肯定在后世君主中,也不乏有一些

---

[1] 王利器:《新语校注·辅政》,新编诸子集成(第一辑),中华书局1986年版。

[2] 王利器:《新语校注·辅政》,新编诸子集成(第一辑),中华书局1986年版。

[3] 王利器:《新语校注·辅政》,新编诸子集成(第一辑),中华书局1986年版。

人是希望"求贤以自助,近贤以自辅"的,但他们最终并没有得到圣贤的辅助,因而无法使天下得到大治,甚至导致国家的倾覆。究其原因,陆贾认为有三:一是君主必须以仁义道德修身治国,才能得到贤才的辅佐。否则,贤才就会离君而去,或隐而不现。陆贾认为,古圣王之所以能得到圣贤们的辅佐,关键在于他们自己注重以道德修身、以仁义治国。他批评当时的统治者说:"今之为君者则不然,治不以五帝之术,则曰今之世不可以道德治也。为臣者不思稷、契,则曰今之民不可以仁义正也。"[1] 所以他认为,君主能否得到人才,在很大程度上取决于君主是否身怀道德、行本仁义:"故仁者在位而仁人来,义者在朝而义士至。是以墨子之门多勇士,仲尼之门多道德,文王之朝多贤良,秦王之庭多不详。"[2] 二是"圣贤或隐于田里",而"观听之臣不明于下",结果导致上下不通,君主受蔽而不能认识贤才。他说:"人君莫不知求贤以自

---

[1] 王利器:《新语校注·思务》,新编诸子集成(第一辑),中华书局1986年版。

[2] 王利器:《新语校注·思务》,新编诸子集成(第一辑),中华书局1986年版。

第一章　陆贾的历史变易思想

助,近贤以自辅;然圣贤或隐于田里,而不预国家之事者,乃观听之臣不明于下,则闭塞之讥归于君;闭塞之讥归于君,则忠贤之士弃于野;忠贤之士弃于野,则佞臣之党存于朝;佞臣之党存于朝,则下不忠于君;下不忠于君,则上不明于下;上不明于下,是故天下所以倾覆也。"[1]陆贾认为,每一个时代都有贤才,而他们能否得到重用,关键要看君王身边是否有蔽君耳目之佞臣。所以他说:"鲍丘之德行,非不高于李斯、赵高也,然伏隐于蒿庐之下,而不录于世,利口之臣害之也。"[2]当然,陆贾一方面将人才不得重用归之于"观听之臣""利口之臣"对君主的蒙蔽,另一方面也指出君主不知辨惑,也难咎其责。如他评赵高指鹿为马一事时说:"秦王(指秦二世)不能自信其直目,而从邪臣之言。鹿与马之异形,乃众人之所知也,然不能别其是非,况于暗昧之事乎?《易》曰:'二人同心,其义断金。'群党合意,以倾一

---

[1] 王利器:《新语校注·资质》,新编诸子集成(第一辑),中华书局1986年版。

[2] 王利器:《新语校注·资质》,新编诸子集成(第一辑),中华书局1986年版。

君,孰不移哉!"[1]三是怀才之士与公卿子弟、贵戚党友所处的地位不同,怀才之士"无绍介通之者",而公卿子弟、贵戚党友则"身在尊重之处",从而导致贤愚非其位的状况出现。陆贾说:"夫穷泽之民,据犁接耜之士,或怀不羁之能,由禹、皋陶之美,纲纪存乎身,万世之术藏于心;然身不容于世,无绍介通之者也。公卿之子弟,贵戚之党友,虽无过人之能,然身在尊重之处,辅之者强而饰之者众也,靡不达也。"[2]很显然,陆贾对公卿子弟、贵戚党友们因所处的特殊地位而得以飞黄腾达是不满的,他希望统治者能为真正的怀才之士填铺通达之途。

二、"三圣"说与古今论:关于历史变易与发展的表述形式

"三圣"说见于《新语·道基》。该篇认为远古历

---

[1] 王利器:《新语校注·辨惑》,新编诸子集成(第一辑),中华书局1986年版。

[2] 王利器:《新语校注·资质》,新编诸子集成(第一辑),中华书局1986年版。

第一章 陆贾的历史变易思想

史的发展,经历了一个从先圣到中圣再到后圣的过程,但它并未明言此三圣何所指。《汉书·艺文志》提到了圣人作《易》的过程,说是"《易》道深矣,人更三圣,世历三古"。韦昭释"三圣"为伏羲、文王、孔子。孟康解"三古"以"伏羲为上古,文王为中古,孔子为下古"。王利器认为此三圣,"即陆氏所谓先圣、中圣、后圣也"[1]。我们姑且不对《汉书》"三圣作《易》"说的正确与否作出评判,但认为陆贾所言三圣是指伏羲、文王和孔子,却是有道理的。陆贾将观天道以定人道的伏羲当作中华民族的人文始祖,他说:"先圣乃仰观天文,俯察地理,图画乾坤,以定人道,民始开悟,知有父子之亲,君臣之义,夫妇之别,长幼之序。于是百官立,王道乃生。"[2]这段话与《周易·系辞下》的说法很相似,因此,陆贾的这一说法无疑是受到了《周易》的影响。在陆贾看来,由于伏羲的观天道以定人道,由此开始了王道社会的历史。而王道历史开始的标志,

---

[1] 王利器:《新语校注·道基》,新编诸子集成(第一辑),中华书局1986年版。
[2] 王利器:《新语校注·道基》,新编诸子集成(第一辑),中华书局1986年版。

陆贾认为有二：一是人道已定；二是百官已立。很显然，陆贾所谓的先圣时代，人类已经进入了阶级社会。从先圣到中圣，历史经历了一个漫长的发展过程。在这一时期，古圣王们又进行了一系列的文明创制，使历史发生了重大变化。其中包括：神农为求可食之物，而"尝百草之实""教人食五谷"；黄帝伐木筑室，"以避风雨"；后稷殖谷养民，种桑麻织衣蔽体；大禹疏导江河，排除水患；奚仲创制舟车，"以代人力"。上述古圣人的各种创制，都是关于物质文明的创制。很显然，它反映了人类进入王道社会的初期，人与自然的矛盾还很激烈。到了皋陶时期，由于先圣们各种物质文明的创制，社会的不断向前发展，从而使人们的意识和观念发生了变化，"于是民知轻重，好利恶难，避劳就逸"。针对这种情况的出现，"皋陶乃立狱制罪，悬赏设罚，异是非，明好恶，检奸邪，消伉乱"。[1] 皋陶的创制，是一种上层建筑的创制，它反映了王道国家政治制度的一种发展和进步。

当然，在陆贾看来，国家需要法律制度，同时也

---

[1] 以上均见王利器：《新语校注·道基》，新编诸子集成（第一辑），中华书局1986年版。

需要礼义教化。因为法律只能禁恶，而礼义却能劝善。因此，当历史进入到中圣时代，文王、周公（王利器又说中圣包括周公。以二人并称中圣，似乎更为合理）面对"民知畏法，而无礼仪"的局面，为推行礼义教化又进行了一系列创制："中圣乃设辟雍庠序之教，以正上下之仪，明父子之礼，君臣之义，使强不凌弱，众不寡暴，弃贪鄙之心，兴清洁之行。"[1] 王利器说："辟雍、上庠、东序，俱周大学之名也。"[2] 由此可知，文王、周公时代，为了推行礼义教化，已经开始重视学校教育了。

文王、周公之后，随着社会的发展和礼义文治的不断强化，其结果是物极必反，盛极而衰，国家过分文治，反而使社会出现了"礼义不行，纲纪不立"的衰废现象。于是后圣孔子起来再度对社会进行整合："后圣乃定《五经》，明《六艺》，承天统地，穷事察微，原情立本，以绪人伦，宗诸天地，纂修篇章，垂诸来

---

[1] 王利器：《新语校注·道基》，新编诸子集成（第一辑），中华书局1986年版。

[2] 王利器：《新语校注·道基》，新编诸子集成（第一辑），中华书局1986年版。

世，被诸鸟善，以匡衰乱，天人合策，原道悉备，智者达其心，百工穷其巧，乃调之以管弦丝竹之音，设钟鼓歌舞之乐，以节奢侈，正风俗，通文雅。"[1] 陆贾认为，后圣孔子对社会的再度整合，是以"天人合策"为基准的。这次的创制范围更广，包括文化典籍、人伦规范和礼义制度。

由上可知，陆贾"三圣说"体现了一种历史变易观和历史发展观，是陆贾肯定历史变易与发展的一种表述形式。在陆贾看来，从先圣伏羲到后圣孔子，历史是在变易中不断向前发展的。先圣时代，由于社会生产力的落后，人类的生存要受到各种自然力的威胁和限制。于是乎，这个时代的圣王们便进行了各种物质与器械的创制；中圣时代，人类战胜自然的能力已经有了很大的提高。于是乎，提倡礼义教化、立定人伦规范，便成了这一时期圣王们所要致力的事业；后圣孔子，则进行了更大范围的文化整合，以期天人合策。在陆贾看来，孔子无疑是上古三代文化的继承者和总结者，是文化典籍、人伦规范和礼义制度的最终

---

[1] 王利器：《新语校注·道基》，新编诸子集成（第一辑），中华书局1986年版。

定立者。由此可见，人类历史不仅是变易的，而且也是呈阶段性地向前发展的。

陆贾的历史发展观还表述在他的古今之论上。如前所说，陆贾是主张法先圣的。他肯定先圣们创建了各项文物制度，推崇先圣们以仁义治国的做法，并希望后世君主对他们进行效法。但是，陆贾研究历史是为了现实，他的历史学是为他的政治学服务的。因此，他没有沉湎于发思古之幽情中，而是保持了一颗清醒的政治头脑来关注于现实。所以陆贾说："善言古者合之于今，能述远者考之于近。故说事者上陈五帝之功，而思之于身，下列桀、纣之败，而戒之于己，则德可以配日月，行可以合神灵……"[1]在陆贾看来，人们言古是为了合今，述远是为了考近。陆贾还明确批评了世俗之人的厚古薄今的观点，他说："世俗以为自古而传之者为重，以今之作者为轻，淡于所见，甘于所闻，惑于外貌，失于中情。"[2]很显然，陆贾的古今之论是

---

[1] 王利器：《新语校注·术事》，新编诸子集成（第一辑），中华书局1986年版。

[2] 王利器：《新语校注·术事》，新编诸子集成（第一辑），中华书局1986年版。

重今轻古的。从思想渊源而论，在先秦诸子中，法家和儒家的荀子是重于今而轻于古，主张法后王的。陆贾不仅在师承上与荀子存在着渊源关系，清人唐晏《陆子新语校注》说："或者谓陆子为荀卿弟子。"近人余嘉锡作《四库提要辩证·新语》一文，则认为陆贾之学出于荀子弟子浮邱伯。[1] 从陆贾重今薄古的言论来看，几乎与荀子如出一辙。陆贾说言古为合今、述远为考近，荀子则说："善言古者必有节于今"[2]；陆贾批评世俗之人"淡于所见，甘于所闻"，荀子则说："百王之道，后王是也。君子审后王之道而论于百王之前，若端拜而议。"[3] 由此来看，陆贾的古今观显然是受到了荀子的影响。

陆贾重今轻古思想还表现在他对刘邦开创汉家基业的颂扬上。他说："皇帝（指刘邦）起丰沛，讨暴秦，诛强楚，为天下兴利除害，继五帝三王之业，统理中国。……政由一家，自天地剖泮未始有也。"

---

[1] 王利器：《新语校注·附录三》，新编诸子集成（第一辑），中华书局1986年版。
[2] 《荀子集解·性恶》，诸子集成（二），中华书局1954年版。
[3] 《荀子集解·不苟》，诸子集成（二），中华书局1954年版。

又说刘邦平定天下,"五年之间,海内平定,此非人力,天之所建也"[1]。可见,陆贾对汉家政权的讴歌已溢于言表。

此外,陆贾的"道"论也蕴含了其重今轻古思想。陆贾认为,今与古不仅相承,今与古还同道。既然古今之事中都有道,人们当然也可以从今之事中求得道,而不必一定要从古之事中求得道。所以他说:"道近不必出于久远,取其致要有成。《春秋》上不及五帝,下不至三王,述齐桓、晋文之小善,鲁之十二公,至今之为政,足以知成败之效,何必于三王?"[2]在他看来,今之事为所见之事,更易从中求得其道,而远古之事毕竟只是传闻之事,求其道则更难。因此,人们没有必要舍近求远,去寻求古事之道。《春秋》述十二公之事以为后人之戒,取义亦正在此。

综上所述,陆贾的古今观是一种重今轻古的古今观。同时,他肯定后王刘邦的历史功业,批评世俗之人的厚古薄今之论,由此可知他的古今观还包含了一

---

[1] 《史记》卷九十七,《郦生陆贾列传》,中华书局1959年版。
[2] 王利器:《新语校注·术事》,新编诸子集成(第一辑),中华书局1986年版。

种褒今、颂今的思想。陆贾这种重今轻古、褒今颂今的古今观，无疑是其历史发展观的一种体现或表述形式。

第二章　贾谊对历史盛衰之理的探讨

贾谊（前200年—前168年），西汉初年著名的思想家、政治家、文学家和史学家。贾谊的思想，主要见诸其所作的《新书》、赋及《汉书》载录的诸篇奏疏；而《汉书》所载奏疏的内容，大体上又与《新书》相关篇章相同，只是在编排上和字句上有出入。在贾谊的思想体系中，历史变易思想无疑是其重要组成部分之一。作为汉初积极入世的思想家，贾谊非常重视通过对历史特别是秦朝历史治乱兴衰的考察，来为汉初政治提供借鉴，以期巩固这个新兴政权的统治。

一、"攻守之势异":对秦朝历史盛衰之理的考察

"过秦",这是汉初的时代思想主题之一。这一时期的政治家、思想家和史学家们,都很重视探讨、总结秦朝兴亡的历史教训,纷纷发表自己的"过秦"之论。陆贾是汉初最早注意总结历史经验教训的思想家和史学家,他通过对历史特别是秦朝历史治乱兴衰的考察,而提出了"逆取而以顺守之"的思想,在当时的政治和思想领域产生了重要影响。贾谊后来作"过秦"之论,显然与陆贾的影响是分不开的。同时,陆贾对秦朝历史成败的认识,还与其学术渊源有很大关系。据《史记》载,贾谊师事吴公;又据唐人陆德明《经典释文叙录》载,贾谊还师事张苍。施丁先生认为:"李斯与秦朝亡后,吴公会反思历史,并与贾谊口耳相传。"而作为汉初大臣的张苍,曾经做过秦朝御史,"他对贾谊讲学时也会讲到秦朝历史教训的"[1]。这种说法是很有见地的。

---

[1] 施丁:《再评〈过秦论〉》,《史学史研究》1996年第1期。

第二章 贾谊对历史盛衰之理的探讨

贾谊共作过三篇《过秦论》，被收录于《新书》之中。他的"过秦"之论，堪称为汉人对秦之过的代表性政论或史论。首先，贾谊认为秦的兴盛是势所必然。早在秦孝公时，秦国就已有吞并天下之心。他一方面"据崤函之固，拥雍州之地，君臣固守"；一方面则重用商鞅，"内立法度，务耕织，修守战之具，外连横而斗诸侯"。[1] 从而逐渐取得秦对东方六国战略上的优势。孝公之后，惠文王、武王、昭襄王又遵其"遗策"，攻城掠地，秦国的实力因此而不断壮大。孝文王、庄襄王虽然在位时间短，却也国家无事。及秦始皇即位，他"奋六世之余烈，振长策而御宇内"，终于"吞二周而亡诸侯"，完成了国家的统一。[2] 为巩固这一统一大业，秦始皇又采取了一系列措施：一是"愚黔首"，即"废先王之道，焚百家之言"；二是"弱黔首"，方法是"堕名城，杀豪俊，收天下之兵，聚之咸阳，销锋铸鐻，以为金人十二，以弱黔首之民"；三是加强军事，以

---

[1] 贾谊：《新书·过秦上》，载《贾谊集校注》，王洲明、徐超校注本，人民文学出版社1996年版。

[2] 贾谊：《新书·过秦上》，载《贾谊集校注》，王洲明、徐超校注本，人民文学出版社1996年版。

"良将劲弩,守要害之处"。[1]秦始皇通过这一系列举措,自以为建立了"子孙帝王万世之业"。可以说,秦的国势此时已至鼎盛。贾谊认为,秦的兴盛并非偶然,而是势所必然。他明确将这种"势"归结为两种,一是"形势"(或称"事势"),一是"地势"。认为前者是秦的统治者通过主观努力而创造的;后者则指秦国的地理环境。从"形势"而言,贾谊认为秦在孝公时期就开始取得了对六国的优势,而依法治国、奖励耕战的内政方针和合众连横的外交政策,正是取得这种优势的根本保证。孝公以后的历代秦君,一直秉承了这种治国之策,从而也使秦对六国的优势不断扩大,以至最终得以剪灭六国。当然,秦的兴盛与秦国所处的得天独厚的地理环境也分不开,也就是说,"地势"优越也是秦得以兴盛的一个重要因素。《过秦上》开篇即言:"秦孝公据崤函之固,拥雍州之地,君臣固守,以窥周室",将地理位置的优越作为秦得以窥视周室的重要原因之一。《过秦下》也说:"秦地被山带河以为固,四塞之国也。"认为秦之所以能"常为诸侯雄","其势

---

[1] 贾谊:《新书·过秦上》,载《贾谊集校注》,王洲明、徐超校注本,人民文学出版社1996年版。

居然也"。而反观六国，则"形不利、势不便"，它们集大兵攻秦，却总是"困于险阻而不能进"，结果秦国未费一矢一镞，而六国军队却已困乏。秦始皇统一天下以后，还非常重视利用"地势"的作用。他"践华为城，因河为池，据亿丈之高，临百尺之渊以为固"[1]，以此来巩固帝国的统治。

其次，贾谊认为秦的败亡在于仁义不施，逆势而行。秦统一以后，国势可谓盛极一时。这个庞大的帝国"以六合为家，崤函为宫""金城千里"。[2]其地势之优，国土之广，古之未有。同时，秦始皇还采取的一系列"愚民""弱民"和军事防御措施，更使秦帝国一时间表现出了前所未有的强大。然而，这个在秦始皇看来已是固若金汤的帝国，却在他死后不久便迅速土崩瓦解了。秦帝国的迅速败亡，其原因究竟何在，自然会引起后人的深思。作为思想家和史学家的贾谊，经过对秦朝历史的反思而提出了自己的看法。他说：秦"以

---

[1] 贾谊：《新书·过秦上》，载《贾谊集校注》，王洲明、徐超校注本，人民文学出版社1996年版。

[2] 贾谊：《新书·过秦上》，载《贾谊集校注》，王洲明、徐超校注本，人民文学出版社1996年版。

六合为家，崤函为宫；一夫作难而七庙堕，身死人手，为天下笑者，何也？仁心[1]不施而攻守之势异也"[2]。在贾谊看来，秦朝已是铁桶江山，却被"材能不及中人"的"迁徙之徒"陈胜振臂一呼，就土崩瓦解了。原因在于秦朝的帝王们不懂得根据进攻与固守的形势不同，而采取不同的治国之术。他们陶醉于以往的成功，继续以诈力进行统治，而不懂得及时改变统治术，施仁心，行仁政，以此获取民心。那么，秦统一天下以后的形势究竟如何？秦朝统治者又是怎样逆势而行的呢？众所周知，自东周以来，随着周室卑微，政权下移，先是春秋五霸逞强，接着则是战国七雄相争，数百年间，天下战火不断，民不聊生。秦始皇剪灭六国、统一天下以后，"天下之士，斐然乡风""莫不虚心而仰上"。[3]老百姓拥护秦始皇,对他寄予了很大的希望，希望他能从此与民休息，恢复生产，从而使他们得以

---

[1] 《史记》的《秦始皇本纪》和《陈涉世家》皆作"仁义"；《汉书·陈胜传》作"仁谊"。

[2] 贾谊：《新书·过秦上》，载《贾谊集校注》，王洲明、徐超校注本，人民文学出版社1996年版。

[3] 贾谊：《新书·过秦中》，载《贾谊集校注》，王洲明、徐超校注本，人民文学出版社1996年版。

第二章 贾谊对历史盛衰之理的探讨

过上安居乐业的生活。在贾谊看来,这就是当时的民情,就是当时的国势。然而,秦始皇自以为完成了统一天下的大业,功高可比三皇、五帝,便志满意得了,一意孤行起来。他不懂得兼并可靠诈力,而稳定需贵顺权,取与守不同术,还一如既往地"行自奋之智"。他无视当时的民情,逆势而行。秦始皇此时的所作所为,正如贾谊所说:

> 秦王怀贪鄙之心,行自奋之智,不信功臣,不亲士民,废王道而立私爱,焚文书而酷刑法,先诈力而后仁义,以暴虐为天下始。[1]

在贾谊看来,秦始皇"行自奋之智"的主要表现,一是不信功臣,刚愎自用;二是灭除王道文化,不施仁义与民,而以诈力、酷法暴虐天下。当然,秦始皇逆势而行的结果,则是刚刚脱离战火之苦的广大人民,又重新承受着秦王朝严刑酷法和繁重赋役的暴虐。秦二世即位后,贾谊认为这是秦王朝改弦易辙的又一个

---

[1] 贾谊:《新书·过秦中》,载《贾谊集校注》,王洲明、徐超校注本,人民文学出版社1996年版。

好机会，因为"劳民易为仁"。贾谊说："今秦二世立，天下莫不引领而观其政。夫寒者利裋褐，而饥者甘糟糠。天下嚣嚣，新主之资也。"[1]贾谊认为这就是当时天下之"势"。在贾谊看来，秦朝百姓已经劳苦至极，此时，新主秦二世只要稍稍施惠于民，天下百姓就会感恩戴德了，然而，秦二世并没有按照贾谊想的那样去做，而是逆势而行，"重以无道：坏宗庙与民，更始作阿房之宫；繁刑严诛，吏治刻深，赏罚不当，赋敛无度，天下多事，吏不能纪，百姓困穷而主不收恤；然后奸伪并起，而上下相遁，蒙罪者众，刑戮相望于道，而天下苦之"[2]。正是由于秦二世的逆势而行，使得秦朝的百姓因此而雪上加霜。也正因此，才会出现陈胜大泽起义而天下响应的局面。当子婴被立之时，秦王朝的局势已是岌岌可危。然而，此时的子婴却无良臣辅佐，根本无法支撑住这座将要倾倒的大厦。曾经不可一世的秦帝国，终于在公元前209年陈胜首义后，

---

[1] 贾谊：《新书·过秦中》，载《贾谊集校注》，王洲明、徐超校注本，人民文学出版社1996年版。

[2] 贾谊：《新书·过秦中》，载《贾谊集校注》，王洲明、徐超校注本，人民文学出版社1996年版。

仅过三年就被推翻了。对于秦的灭亡，贾谊颇有感慨，他说：

> 秦王足己而不问，遂过而不变。二世受之，因而不改，暴虐以重祸。子婴孤立无亲，危弱无辅。三主之惑，终身不悟，亡不亦宜乎？[1]

这段话道出了秦朝灭亡的一种历史必然性。

二、"民无不为本"：贾谊仁政思想的核心

民本思想在中国起源很早，而最先对此进行系统阐发的要数周公。他的"敬德保民"思想对于先秦的政治史和思想史都产生过重要影响。时至春秋战国，民本思想则主要成了儒家学派的重要思想，孔子、孟子和荀子都对这一思想进行过系统阐发。孔子的富民、化民思想，孟子的"民贵君轻"论，以及荀子的"天立君以为民"的思想，都是中国政治史和思想史上的宝

---

[1] 贾谊：《新书·过秦下》，载《贾谊集校注》，王洲明、徐超校注本，人民文学出版社1996年版。

贵财富。汉初的贾谊承继了先秦思想家的这份宝贵遗产，并结合自己关于历史的考察，对这一思想作了进一步的发展，而使之成为其历史思想的重要组成部分。

首先，贾谊明确提出了"民无不为本"的思想。贾谊对他的这一思想进行了集中而系统的阐述。其一，贾谊认为以民为本的主体应该包括国家、君主和官吏。"闻之于政也，民无不为本也。国以为本，君以为本，吏以为本。"[1] 以民为本不只是君主要有这种认识，官吏也要有这种认识，它们都应该要以民为本。其二，贾谊认为国家、君主和官吏不仅要以民为本，还要以民为命、以民为功、以民为力。[2] "本""命""功"和"力"这四个概念的集中使用，更为系统地、全面地表述了民在国家政治治理中的重要作用。贾谊警告统治者不要与民众为仇敌。他说："自古至于今，与民为仇者，有迟有速，而民必胜之。"原因何在呢？"故夫民者，大族也，民不可不畏也。故夫民者，多力而不可适

---

[1] 贾谊:《新书·大政上》，载《贾谊集校注》，王洲明、徐超校注本，人民文学出版社1996年版。

[2] 贾谊:《新书·大政上》，载《贾谊集校注》，王洲明、徐超校注本，人民文学出版社1996年版。

也。"[1]贾谊认为老百姓占人口的绝大多数,是"大族",不可不畏;同时,老百姓还"多力",是生产劳动者,君主和官吏都要靠他们养活。贾谊借古人之言说:"一夫不耕,或为之饥;一妇不织,或为之寒。"[2]由此可见,离开了民众之"力",就没有衣食之源,国家也就无法存在。贾谊认为国家的灾与福并不完全取决于天,多半是取决于民,取决于君主对民的态度。统治者是否贵富,要以民众是否贵乐为标准;而民众是否贵乐,取决于统治者是否给民众带来福和财。

其次,贾谊主张要仁爱民众。贾谊认为,既然老百姓是国家的根本,因此,要想固此根本,统治者就必须要仁爱民众。贾谊认为,古代圣君之所以能平治天下,关键是他们都有一颗仁爱之心。如商汤撤网而猎[3],即是一个典型事例。贾谊还以楚昭王"当房之

---

[1] 贾谊:《新书·大政上》,载《贾谊集校注》,王洲明、徐超校注本,人民文学出版社1996年版。

[2] 贾谊:《新书·无蓄》,载《贾谊集校注》,王洲明、徐超校注本,人民文学出版社1996年版。

[3] 商汤撤网而猎,指商汤撤去三面之网,仅留一面,意在不忍心将鸟兽一网打尽。说明商汤有仁爱之心。

德"[1]为例,说明统治者具有仁心的重要性。相反,贾谊认为,如果统治者不仁爱民众,就绝不会有好的下场。如商纣王"背道弃义,释敬慎而行骄肆"[2],结果国亡身死,就是一个典型例子。春秋时期的卫懿公玩鹤误国,也是一个不仁爱民众的昏君。《新书》一书举了很多统治者仁爱民众的正反两方面的事例,之所以不厌其烦,旨在强调统治者仁爱民众的重要性。

最后,贾谊强调要力行仁政。贾谊认为,统治者以民为本,不仅只是凭着一颗仁爱民众之心,也不仅只是靠几件仁爱民众之举,而必须要力行仁政。当然,仁心又是仁政得以推行的前提或条件,统治者没有爱民之心,也就不可能有爱民之政。那么,仁政的内涵主要有哪些呢?其一要富民。贾谊认为,古圣王都是视利民为最大政治的,民最大之利莫过于丰衣足食。因此,利民之政也就是富民之政。贾谊认为,富民的

---

[1] 楚昭王"当房之德",指楚昭王在寒冬之时站在堂屋里觉得身上有寒意,当即就命令给国中寒者发衣,饥者济粮。后来楚国都城郢遭到吴国攻打,当年受楚昭王当房之德的饥寒百姓奋起抗敌,击退吴军。说明仁心对于赢得民心的重要性。

[2] 贾谊:《新书·连语》,载《贾谊集校注》,王洲明、徐超校注本,人民文学出版社1996年版。

第二章 贾谊对历史盛衰之理的探讨

最好办法莫过于重本轻末，重农抑商。在贾谊看来，商业的发展，只会导致国家的贫困。道理很简单，因为商人们生活奢侈，他们不去耕织，却衣着锦绣，饮食精美。他们只是消费财富，而不去创造财富。贾谊重本轻末、以农致富的思想，一方面是对传统儒家重农思想的继承，一方面也是顺应了汉初与民休息、发展生产这一总体国策的需要，有积极意义。但他以抑商作为重农的前提条件，将农商对立起来，对社会商品经济的发展是有消极影响的。与以农富民思想相适应，贾谊还提出了"积贮"思想。积贮就是蓄积粮食，以备灾荒。贾谊认为，重视积贮是古圣王的一条成功的治国经验。而反观当时国家的积蓄情况，贾谊忧心忡忡。他说："今汉兴三十年矣，而天下欲屈，食至寡也。"[1]他希望汉文帝对此要引起高度重视，早作打算，不要等到困穷至极之时才来图虑，那就为时太晚了。贾谊依靠积贮以备灾荒的思想，对于保障小农经济和稳定封建统治是有积极意义的。

其二慎刑罚。贾谊认为，暴政与仁政的主要区别

---

[1] 贾谊:《新书·忧民》，载《贾谊集校注》，王洲明、徐超校注本，人民文学出版社1996年版。

之一是暴政繁刑严诛,而仁政则约法省刑。《过秦论》分析秦朝灭亡原因时指出,秦朝统治者"繁刑严诛,吏治深刻,赏罚不当",致使"蒙罪者众,刑戮相望于道",臣民皆"人怀自危之心"。正是由于秦朝的这种暴政,才最终导致了这个封建王朝的迅速溃败。贾谊认为,历史上一些滥用刑罚的统治者,最终都与秦朝统治者一样没有好下场。夏桀、商纣是如此,他们滥作酷刑而国亡身死;楚平王亦是如此,他无罪而杀伍子胥之父伍奢,结果导致伍子胥率领吴国军队攻占楚都郢,楚昭王失国而奔,平王本人也遭掘墓鞭尸之辱。对于昭王之祸与平王之辱,贾谊明确说道:"楚平王怀阴贼,杀无罪,殃既至乎此矣。"[1] 正是由于刑法的使用直接关系到国家的治乱兴衰,贾谊才奉劝统治者对之一定要慎之又慎,他甚至主张统治者宁失之有罪,也不可滥杀无辜。按照贾谊的说法,统治者在通常情况下要用仁义治国,而在非常时期则应用权势法制。他认为当时的诸侯王问题就是一个需要统治者运用"斤斧"才能解决的问题,因为它已迫在眉睫,已经构

---

[1] 贾谊:《新书·耳痹》,载《贾谊集校注》,王洲明、徐超校注本,人民文学出版社1996年版。

成了对中央集权的严重威胁。贾谊有时还以礼、法对称，说明它们的不同作用。他说："夫礼者禁于将然之前，而法者禁于已然之后，是故法之所用易见，而礼之所为生难知也。"[1] 在此，礼与仁其义略同。由此可知，在贾谊看来，法不仅可以与仁、礼互补，法还与仁、礼起着不同的作用。

三、以礼治国：贾谊的政治历史秩序论

众所周知，礼治思想是先秦儒家政治理论的重要内涵。儒家创立者孔子既重视仁，也重视礼。他视仁为一种自觉的道德，而将礼作为一种人伦规范。孟子发展了孔子仁的学说，而提出了一套系统的仁政理论；荀子则对孔子礼的学说作了发展，使礼成为其学术的核心观念和中心思想。西汉立国之初，陆贾有鉴于亡秦教训，着重强调了以仁义治国的重要性。然而，随着这个新兴政权各种失序现象的逐渐暴露，作为继陆贾之后的思想家，贾谊敏锐地觉察到了这一问题的严

---

[1]《汉书》卷四十八，《贾谊传》，中华书局1962年版。

重性。因此,他在强调力行仁政的同时,提出了以礼治国的主张。可以说,与上述大儒相比,贾谊则更为全面地对孔子的学说作了继承和发展。贾谊的礼治思想内蕴丰富,他以其独特的历史视角对礼治的必要性进行了论证;同时结合汉初的社会失序现状提出了自己的具体礼治主张。

首先,关于礼治的历史考察。贾谊的礼治论不是一种纯粹的思辨理论,而是一种考实性的历史理论。他是通过对先秦历史特别是秦朝历史的考察之后,而提出他的以礼治国理论的。贾谊认为,古圣王之所以能教化民众、平治天下,与他们重视礼治是分不开的。在贾谊看来,三代道德风尚的养成,是三代重视礼治的结果。在谈到商、周为何长久而秦为何短祚时,贾谊认为商、周国运长久,与二朝重视用礼规范太子有很大关系。《礼》篇记载了太公望不让太子姬发吃鲍鱼之事:"昔周文王使太公望傅太子发,太子嗜鲍鱼而太公弗与,曰:'礼,鲍鱼不登于俎。岂有非礼而可以养太子哉?'"在太公望看来,像食鱼这样的小事,如果不合于礼,也是不允许的。《保傅》篇则对商、周二朝如何教导太子有详细叙述。如太子初生就"举以礼",

第二章 贾谊对历史盛衰之理的探讨

养其"孝子之道";少长则以五学(指东学、西学、南学、北学和太学)相教;成人后"则有司直之史,有亏膳之宰。"所以贾谊说:"殷、周之所以长久者,其辅翼太子有此具也。"这个"具"指的就是礼义教化。

贾谊也从礼治的角度对秦王朝的灭亡作了探讨。前已述及,贾谊认为秦朝的灭亡是亡于"仁心不施",这种历史总结无疑是正确的。但是,这却不是贾谊"过秦"之论的全部涵义。换句话说,在贾谊看来,秦朝的灭亡既是"仁心不施"的结果,也是"违礼义"的结果。贾谊认为,早在秦孝公时期,在重用商鞅变法,使秦国国富兵强的同时,也埋下了后来帝国覆灭的种子。贾谊以卫道士的口吻斥骂秦人伤风败俗、不讲伦理,与禽兽没有什么差别。并明确指出秦人风俗败坏是商鞅推行法治而违逆礼义的结果。认为秦人以法治国,以力逆取天下,只是"功成而败义",而无义之功是不可能长久的,秦统一后"十三年而社稷为墟",足以说明了这一点。《俗激》篇认为由于秦"四维不张",从而出现了社会等级秩序失衡的现象,并因此最终导致了国家的败亡。它说:"秦灭,四维不张,故君臣乖而相攘,上下乱僭而无差,父子六亲殃僇而失其宜,奸人并起，万民离畔，凡十三岁而社稷为墟。"《保傅》篇则具体讲到了秦俗对于秦二世的影响。由此来看，秦王朝的迅速败亡，与其长期以来违弃礼义，从而导致社会的全面失衡是有很大关系的。

综上所述，贾谊通过对礼治的历史考察所得出的结论是：三代圣王依靠礼治而平治天下、国运长久；秦朝违弃礼治虽能获取了一时的成功，却终究落得个"十三年而社稷为墟"的下场。由此他认为，统治者要想长治久安，就必须要以礼治国。

其次，关于礼治的基本主张。其一是要建立君尊臣卑的等级秩序。在贾谊看来，礼的作用就是要确立等级秩序。而在众多的封建等级秩序中，首先要确立的则是君尊臣卑的等级秩序，这是由君主在社会政治生活中所处的特殊地位所决定的。贾谊认为，只有牢牢确定起君尊臣卑的等级秩序，以使上下相安，从而才能最终保证社会统治的稳定。《阶级》篇则以堂喻君、以陛喻臣、以地喻民，来说明君、臣和民的贵贱等级关系。堂高依靠陛阶，君尊依靠等级；"高者难攀，卑者易陵"，这是自然之势。很显然，在贾谊的这种君尊臣卑论中，已经掺进了先秦法家慎到之流的保权

第二章 贾谊对历史盛衰之理的探讨

势的思想。其二要"体貌群臣而厉其节"。从等级关系立论，贾谊主张君尊臣卑；而从养育大臣廉丑礼节立论，贾谊又主张要礼貌大臣。在贾谊看来，二者并不矛盾，而是相辅相成的。因为只有君主礼貌大臣，才会使大臣在吏民面前有权威、立廉耻，从而才能树立起尊尊贵贵的等级原则；同时，也只有大臣厉行廉耻，才会视尊敬君主为天经地义之事。贾谊认为大臣犯法为何不应受刑辱，原因就在于大臣是君"尝宠"、民"敬畏"之人。正是由于大臣是君之"尝宠"，因此，贾谊认为刑辱大臣也有损于君主的权威。在《阶级》篇中，他将君与臣的关系比作器与鼠的关系，用"投鼠忌器"对此作了论说：

> 鄙谚曰："欲投鼠而忌器。"此善喻也。鼠近于器尚惮而弗投，恐伤器也，况乎贵大臣之近于主上乎！廉丑礼节，以治君子，故有赐死而无戮辱。

这段话出自文帝四年所上的奏疏中，而这个奏疏是贾谊有感于大臣周勃系狱受辱而作的。据《汉书》

载，汉文帝对这篇奏疏颇有感悟，并"深纳其言，养臣下有节。是后大臣有罪，皆自杀，不受刑"[1]。其三要以礼化俗。贾谊认为社会风俗的好与坏，直接关系到一个国家的稳定。在他看来，如果民众不讲礼义廉丑，整个社会就会出现君不君、臣不臣、父不父、子不子的局面，国家政治治理就无法得以推行，最终将会导致国家的灭亡。如秦王朝"灭四维不张"而导致国家败亡就是一个典型例子。贾谊认为要整饬风俗，就必须要推行礼治，因为"教训正俗，非礼不备；分争辨讼，非礼不决；君臣、上下、父子、兄弟，非礼不定"[2]。在贾谊看来，统治者只要努力推行礼治，就一定能建立起一个和谐的社会。他认为以礼治国的极至境界是"君仁臣忠，父慈子孝，兄爱弟敬，夫和妻柔，姑慈妇听"。[3]其四要定尊卑之制。贾谊认为，区别君、臣、民的尊卑贵贱，还必须要借助于具体制度的建立。贾谊认为人的面目状貌并无不同，从中是看不出人的

---

[1]《汉书》卷四十八，《贾谊传》，中华书局1962年版。

[2] 贾谊：《新书·礼》，载《贾谊集校注》，王洲明、徐超校注本，人民文学出版社1996年版。

[3] 贾谊：《新书·礼》，载《贾谊集校注》，王洲明、徐超校注本，人民文学出版社1996年版。

尊卑贵贱之分的。要区分人的尊卑贵贱，就必须要借助于等级、势力、衣服和号令的不同。在《服疑》篇中，贾谊还对尊卑贵贱不同之人在制度上的种种不同作了详细条列。在他看来，"名号""权力"和"事势"自然是区别尊卑贵贱的主要制度，而"车舆""服章""器械"等等制度，虽然只是具有象征意义，但却是不可缺少的。

综上所述可知，贾谊的礼治思想是极其丰富的。值得注意的是，贾谊一方面强调礼治，一方面又主张力行仁政。在贾谊看来，礼治与仁政不是对立的，而是相辅相成的。在《礼》篇中贾谊对此作了具体说明。他一方面认为仁的内涵需要通过礼的规范才能得以实现，"道德仁义，非礼不成。"一方面又认为礼治本身就包含着仁，"礼：天子爱天下，诸侯爱境内，大夫爱官属，士庶各爱其家。"又说："故礼者，所以恤下也。"由此可见，仁与礼既有区别，又相一致。在贾谊的治国理论当中还有一个重要特色，那就是他在强调仁政与礼治的同时，也主张用"权势法制"治国。这与荀子"隆礼重法"的思想可谓一脉相承。我们考察贾谊的礼治思想，必须要把贾谊的仁政思想和法制主张结合起来，才能得出一个比较全面的认识。

第三章 "三统"说与董仲舒的历史变易思想

"三统"说作为一种表述古今变易的历史学说,它的创始人究竟是谁,现已无法确知。但从现有资料来看,对这一学说记述最为详尽的,当数董仲舒的《春秋繁露》一书。因此,"三统"说无疑是董仲舒历史思想体系的一个重要组成部分。作为一种系统的历史变易思想,董仲舒的"三统"说是以循环变易为其表象,而以变道、更化为其实质的。

一、"三统"说的基本思想内涵

"三统"说是一种肯定历史朝代必须按照黑统、白统和赤统三统依次循环更替的学说。这种学说认为,

第三章 "三统"说与董仲舒的历史变易思想

凡是异姓受命而王,都必须改正朔。由于正朔时间不同,物萌之时的颜色各异,与此三正相对应,也就有了黑、白、赤三色。具体而言,黑统以寅月(一月)为正月,色尚黑;白统以丑月(十二月)为正月,色尚白;赤统以子月(十一月)为正月,色尚赤。因此,"三统"又称"三统三正"。当然,新王改制,除改正朔、易服色外,车马、牺牲、冠礼、昏礼、丧礼、祭牲、荐尚物和日分朝正等项制度也要做出相应的改易。那么,新王即位为何必须要进行改制呢?董仲舒回答道:

> 今谓新王必改制者,非改其道,非变其理,受命于天,易姓更王,非继前王而王也。若一因前制,修故业,而无有所改,是与继前王而王者无以别。受命之君,天之所大显也。事父者承意,事君者仪志。事天亦然。今天大显己,物袭所代而率与同,则不显不明,非天志。故必徙居处、更称号、改正朔、易服色者,无他焉,不敢不顺天志而明自显也。[1]

---

[1] 董仲舒:《春秋繁露》卷第一,《楚庄王》,苏舆义证本,中华书局1992年版。

在董仲舒看来，新王是受天命而王，而不是继前王而王，因此，新王必须通过改制的形式来报答天命，显示天命的恩宠，同时以此与前朝区别开来。

以"三统三正"来对应历史朝代，董仲舒认为商朝是正白统，建丑，色尚白；周朝是正赤统，建子，色尚赤；《春秋》是正黑统，建寅，色尚黑。董仲舒认为，新王建朝，必须保留前二朝之后，为他们封土建国，允许他们保留各自旧朝的制度，以与新王朝并存，这叫"存三统"（又称"通三统"）。本届三统称作三王，三王之上则有五帝、九皇，共为九代。三统（或称三王）移于下，则五帝、九皇依次上绌。如"汤受命而王，应天变夏作殷号，时正白统。亲夏故虞，绌唐谓之帝尧"，推庖羲以为九皇；"文王受命而王，应天变殷作周号，时正赤统。亲殷故夏，绌虞谓之帝舜，以轩辕为黄帝，推神农以为九皇"；"《春秋》应天作新王之事，时正黑统。王鲁，尚黑，绌夏，亲周，故宋"。[1] 此时黄帝则上绌为九皇。值得注意的是，董仲舒"三

---

[1] 董仲舒:《春秋繁露》卷第七,《三代改制质文》,苏舆义证本,中华书局 1992 年版。

第三章 "三统"说与董仲舒的历史变易思想

统"说关于《春秋》以下王朝统属的排列比较复杂。按理,《春秋》既为黑统,随之而后的秦朝当为白统,而汉朝则为赤统。实际情况却不是这样。按照董仲舒的理解,西狩获麟是孔子受命之符[1],但是孔子有其德而无其位,只能托于王鲁而作《春秋》,以当一王之法。在董仲舒看来,《春秋》的一王之法是专门为汉朝制定的,他以《春秋》为黑统制度,其实也就是许汉朝以黑统制度。在《天人三策》中,董仲舒更是明确指出:"今汉继大乱之后,若以少损周之文致,用夏之忠者。"[2] 夏为黑统,汉用夏政,当然也就是说汉应为黑统。

董仲舒以汉朝为黑统的"三统"学说,无疑蕴涵了一种"摒秦"论。在董仲舒看来,既然汉朝上继周朝赤统而为黑统,那么处于周、汉之间的秦就自然被排斥在三统循环之外了。如果我们将董仲舒"三统"说的实质理解为一种更化论的话,就更不难看出他的摒秦思想。《天人三策》就说:"自古以来,未尝有以

---

[1] 董仲舒:《春秋繁露》卷第六,《符瑞》,苏舆义证本,中华书局1992年版。
[2] 《汉书》卷五十六,《董仲舒传》,中华书局1962年版。

乱济乱，大败天下之民如秦者也。"[1]言下之意，既然秦朝没有完成更化任务，也就无法成为一统。但是，董仲舒的"摒秦"论是不彻底的。如在《尧舜不擅移汤武不专杀》篇中论及"有道伐无道"时，董仲舒又将秦朝排入自夏至汉的王朝统绪之内。董仲舒的不彻底的"摒秦"论对司马迁、刘向、刘歆、班固等史家的正统史观是有一定影响的。司马迁虽然承认秦朝的统绪，承认汉朝是上继秦朝水德而为土德，却注意分辨秦的一统是以力不以德，又说汉朝乃"得天统矣"，并主张汉朝行夏历。正如雷家骥先生所说："董仲舒一系的汉统继周及摒秦说法，既以三统说为理论基础，而无以推翻当时尚盛行的邹衍五行相克说，故形成其不完全的摒秦论调，并由此形成司马迁一系的正统二分说。"[2]刘向、歆父子则以五行相生说演绎历史王朝的变易，而将秦王朝彻底摒弃于历史王朝统绪之外。之后，刘氏父子的"摒秦"思想又被班固所继承，并在《汉书》中加以发扬光大。自此，由董仲舒肇端的"摒秦"论

---

[1]《汉书》卷五十六，《董仲舒传》，中华书局1962年版。

[2] 雷家骥：《两汉至唐初的历史观念与意识》，书目文献出版社1987年版，第94页。

成了汉代正统史学的主流思想。

与"三统"说相对应而互为表里的则是"三道"论。根据董仲舒"三统"说,夏、商、周三王的统属分别是黑统、白统、赤统。董仲舒认为,三王的统属不同,其正朔、服色及治道也随之不同。他说:"然夏上忠,殷上敬,周上文者,所继之,当用此也。孔子曰:'殷因于夏礼,所损益可知也;周因于殷礼,所损益可知也。其或继周者,虽百世可知也。'此言百王之用,以此三者也矣。"[1] 在此,董仲舒承袭了孔子的损益观,而肯定夏、商、周的治道分别为忠、敬、文。在"三统"说里,董仲舒认为汉继周而建,当为黑统;同样,在"三道"论中,董仲舒也主张汉朝"用夏之忠者"。如果我们将"三统"说与"三道"论结合起来,便不难看出,"三统"与"三道"其实既是一种对应关系,也是一种表里关系。从对应关系而言,王朝的统属和王朝的治道是相一致的,如黑统对应忠道,白统对应敬道,赤统对应文道。同时,由于"三统"是循环的,因此,"三道"也随之而循环。从表里关系言,"三统"言改制,其

---

[1]《汉书》卷五十六,《董仲舒传》,中华书局1962年版。

实只是"改正朔、易服色",其变化只是一种表象;而"三道"言变易,实际上是肯定道变,因此是一种深层次的变化。由此来看,董仲舒所谓新王"有改制之名,无易道之实",只是就"三统"循环而言,而不是就"三道"循环而言的。

董仲舒"三统"说所勾勒的历史循环系统,其内涵并不仅仅只是"三统""三道"的循环,还有与"三统""三道"相关联的夏、商、质、文"四法"的循环。"四法"与"三统""三道"各自为小循环,又相互配合,十二代构成一大循环。董仲舒说:"故王者有不易者,有再而复者,有三而复者,有四而复者,有五而复者,有九而复者。"[1] "复"即是循环;"再而复"指质、文循环;"三而复"主要是指三正、三道循环;"四而复"指夏、商、质、文循环;"五而复"指五帝绌易;"九而复"指九皇绌易。《说苑·修文篇》说:"商者,常也,常者质,质主天。夏者,大也,大者文也,文主地。"因此,一商一夏,亦即一质一文。所谓王朝的礼乐制度不同,其实也可以归结为一质一文两种。董仲舒通过对历代

---

[1] 董仲舒:《春秋繁露》卷第七,《三代改制质文》,苏舆义证本,中华书局1992年版。

第三章 "三统"说与董仲舒的历史变易思想

礼乐制度演变规律的考察，认为主要就是夏、商、质、文"四法"的循环。他说："四法休于所故，祖于先帝，故四法如四时然，终而复始，穷则反本。"[1]将"四法"落实到历史阶段来看，董仲舒认为舜法商、禹法夏、汤法质、周法文。对于汉皇朝所用之法，董仲舒的"四法"论与"三统"说相一致，认为既然汉朝继周而建，周法文，汉当法质（按"四法"说，汉当法商，然商与质、夏与文的含义是相近的，故董仲舒常以文质循环代指"四法循环"），《十指篇》明确说道："汉承周文而反之质。"

关于"四法"与"三统"之间的关系，他们是既有区别又有联系的。区别在于，从形式而言，"四法"的循环是一种"四而复"，而"三统"的循环是"三而复"；从内容而言，"四法"的循环是一种礼乐制度变易的循环，而"三统"的循环则主要是一种以"改正朔、易服色"为主要内容的变易。因此，"四法"循环变易具有质变性质，而"三统"循环变易则主要是一种形式上的变易。同时，"四法"与"三统"之间又是紧密联系

---

[1] 董仲舒：《春秋繁露》卷第七，《三代改制质文》，苏舆义证本，中华书局1992年版。

的，他们都是一种关于历史王朝循环更替的学说，都将秦朝摒弃在王朝统绪之外。"四法"与"三统"各自形成一种小的循环，同时它们又互相结合，以十二世构成一大循环。同样，"四法"与"三道"之间也是既有区别又有联系。其区别在于循环数不同。它们之间的一致性主要表现在循环变易的内容上。其一，忠、敬、文三道循环变易是一种道变，而"四法"循环变易也是一种道变（或称质变）。"忠"与"质"的含义相近，在董仲舒的表述中，二者的含义也是相同的。由此看来，这种"三道"救弊说与质文改制说，表述方法虽然不同，而实际内涵则是一致的。其二，落实到历史朝代来看，"三道"论以周为文道，继周而建的汉则为忠道；同样，"四法"说也以周为法文，而视汉为法质。当然，若从禹夏开始排列的话，"三道"说与"四法"说之间是存在矛盾的。"三道"说以夏为忠道，而"四法"说则以禹法夏（即法文）。不过，董仲舒"三统"说的目的是要说明汉皇朝当为黑统、用忠道、法质，在这一点上，"四法"与"三道"以及"三统"都是一致的。董仲舒通常所说的汉当用"夏政"，实际上都是指汉当实行黑统政治，推行忠、质之道。

第三章 "三统"说与董仲舒的历史变易思想

此外,在董仲舒的"三统"学说体系中,还有一种"三等"(或称"三世")说,可视为其"三统"说的一种别传。《公羊传》徐彦疏引何休《文谥例》说,《春秋》有三科九旨,"三科"分别是指"存三统""张三世"和"异内外"。"三科"各含三旨,"存三统"的"三旨"是"新周,故宋,以《春秋》当新王";"张三世"的"三旨"是"所见异辞,所闻异辞,所传闻异辞";"异内外"的"三旨"是"内其国而外诸夏,内诸夏而外夷狄"。董仲舒没有明确提出"三科九旨"说,但在他的学说中,已经比较清楚地对"三科九旨"的内容作了表述。如"存三统",这是董仲舒"三统"说的实质所在,上文已经作了论述。《春秋繁露·王道》则对"异内外"三旨作了表述:"亲近以来远,故未有不先近而致远者也。故内其国而外诸夏,内诸夏而外夷狄,言自近者始也。"至于"张三世",也就是董仲舒的"三等"说。在《楚庄王》篇中,董仲舒对其"三等"说作了系统阐述:

> 《春秋》分十二世以为三等,有见,有闻,有传闻。有见三世,有闻四世,有传闻五世。故哀、定、

> 昭，君子之所见也；襄、成、文、宣，君子之所闻也；僖、闵、庄、桓、隐，君子之所传闻也……于所见微其辞，于所闻痛其祸，于传闻杀其恩，与情俱也。

在董仲舒看来，《春秋》分十二世为三等，采用不同的书法，其中蕴含了深刻的历史思想：其一，《春秋》以亲疏远近来确定朝代地位的高低，朝代愈远，地位愈低；朝代愈近，地位愈高。其二，《春秋》以亲疏远近作为历史批评的标准，朝代愈远，批评愈严；朝代愈近，批评愈委婉。这其实也是《春秋》的一种避讳义法。其三，"三等"作为"三统"别传，自然也隐含了循环变易之义。

综上所述，董仲舒的"三统"说是一个体大思精的历史变易学说体系，这个体系包含了"三统""三道""四法""三等"等诸多学说于其中。分而言之，它们都是各自相互独立的历史学说；合而言之，它们共同构成了"三统"学说这一历史变易学说体系。当然，其中的"三统"说无疑是这个历史变易学说体系的核心和主轴。

二、"三统"说的变易更化实质

"三统"说从表述形式而言,无疑是一种历史循环论,这是不能否认的事实。董仲舒"三统"说最强调的就是一个"复"字,"复"就是循环,就是周而复始。在董仲舒看来,历史的延续就是通过"复"而得以实现的。我们认为,循环史观实际上是董仲舒以前思想家们所持的一种普遍的历史观。孟子的"五百年必有王者兴",堪称为我国思想史上提出最早、影响深远的一种循环史观。战国后期,阴阳家的代表人物邹衍创立五德终始说,用以解释历史发展的规律。五德终始说是继孟子之后又一影响深远的循环史观,它不但对秦汉之后人们的历史观产生了重大影响,而且也直接对秦汉之后的政治制度产生了深远影响。董仲舒的循环史观在很大程度上受到五德终始说的影响。但是,较之于五德终始说而言,董仲舒的"三统"循环说所勾勒的历史系统更长。"五德"说以五代为循环期,最远溯至黄帝;"三统"说以九代为最长循环期,所谓"九而复",最远溯至伏羲氏。"三统"循环的复杂性也远远超过了"五德"循环,它既有"三统""三正""三道"和"四法"的小循环,又有"三统"与"四法"配合进行的大循环。此外,如果说"五德"循环是以汉之土德上继秦之水德的话(当然是汉人的五德说),那么,"三统"循环则是强调汉继周建统,从而肇端了"摒秦"论。由此可见,与以往的历史循环观相比,董仲舒的"三统"说是一种更为系统的历史循环观,它是那个时代人们对于历史运行法则的一种最高认识,因而也是汉人对历史规律的一种代表性认识。

正由于董仲舒"三统"说从表述方式而言体现的是一种循环史观,学者往往据此认定这种历史观看不到历史的发展,不承认历史有质变。我们认为,这种看法在一定范围内和一定程度上并没有错,董仲舒的改制论和"天不变,道亦不变"的说法,便是这种看法的重要依据。但不能因此得出董仲舒是一个主张道不变的循环论者。因为,董仲舒的"三统"说就其表述形式而言是循环的,就其实际内涵而言则是进化的。首先,董仲舒"三统"说是一种体现亲疏之义的尊新王的学说。这种学说主张新王与上两代旧王并为一届三统,新王需存二王后。三王之上绌为五帝,五帝之

第三章 "三统"说与董仲舒的历史变易思想

上绌为九皇,九皇之上则"下极其为民",帝王年代愈远愈疏、愈近愈亲。正如杨向奎先生所说的那样,"三统"说所体现的历史观是一种"新鬼大而故鬼小"的历史观[1]。此外,作为"三统"说之别传的"三等"说,也体现了一种尊新王之义。"三等"说依据朝代远近来确定亲疏和尊卑关系,并依据这种亲疏、尊卑来对历史进行评判。很显然,"三统"说和"三等"说所体现的尊新王思想,无疑是一种历史进化论。其次,与"三统"说相配合的"三道"说,从表象来看,它体现的是一种循环论,而实际上,"三道"循环是一种循环变"道",它是以变革礼乐制度为实际内容的。这种主张对前朝礼乐制度进行损益的历史观点,当然是一种更化史观。而与"三统""三道"相关联的"四法"说,其宣扬文、质循环变易的目的是为了救弊,因此也是一种更化史观。由此来看,董仲舒是以循环论作为其历史观的表述形式,而以更化论作为其历史观之目的的。

董仲舒宣扬历史更化论的本质是主张变"道",这也是其"三统"历史变易学说的精神实质之所在。如

---

[1] 杨向奎:《绎史斋学术文集》,上海人民出版社1983年版,第114页。

前所述，在董仲舒的历史观中，蕴含着一种道不变的思想。但是，董仲舒的道不变只是特指"治世"时代而言的，这个治世时代也就是三皇五帝时代。董仲舒认为，尧、舜、禹三圣时代的政治是没有弊端的，因此，三圣相继建朝后，也就不需要变革前朝的治道。他说："三圣相受而守一道，亡救弊之政也，故不言其所损益也。"[1] 推而广之，董仲舒认为整个三皇五帝时代都是政治井然有序、民情质朴不文的时代。他说："五帝三皇之治天下，不敢有君民之心。什一而税。教以爱，使以忠，敬长老，亲亲而尊尊，不夺民时，使民不过岁三日。民家给人足，无怨望忿怒之患，强弱之难，无谗贼妒疾之人……民情至朴而不文。"[2] 由此来看，董仲舒的道不变是以道无弊为其前提的。从历史上来看，只有三皇五帝时代的道是无弊的，因而也只有三皇五帝时代的道是不变的。那么，董仲舒这种崇先圣思想与他的尊新王思想是否相矛盾呢？我们认为，崇先圣是儒家的一种普遍心理，董仲舒也不例外。但

---

[1] 《汉书》卷五十六，《董仲舒传》，中华书局1962年版。
[2] 董仲舒：《春秋繁露》卷第四，《王道》，苏舆义证本，中华书局1992年版。

第三章 "三统"说与董仲舒的历史变易思想

从董仲舒历史观之本质而言,他崇先圣的目的不是为了发思古之幽情,而是为了现实政治的需要。董仲舒对先圣时代的政治描述无疑是带有理想化的,但其目的是要为当代统治者提供一种完美无缺的统治模式。因此,崇先圣是董仲舒历史观之理想主义一面,而尊新王则是其历史观之现实主义一面。

如果说董仲舒是本着理想主义去评述远古时代三皇五帝的历史,从而肯定治世无易道的话,那么,他通过对三代以降历史的评述而得出乱世需变道的结论,则是从历史主义和现实主义出发的。换言之,道不变论只是董仲舒的一种虚拟的历史观,而道变论才是他的一种真实的历史观。

那么,董仲舒提出三代以降必须变道的依据究竟何在?其一,"作乐于终,所以见天功也"。如前所述,董仲舒言改制是"改正朔,易服色",而董仲舒言制礼作乐则是变道。在董仲舒看来,王者改制,是为了明示天命;而王者变道,则是为了显示天功。所以他说:"是故大改制于初,所以明天命也。更作乐于终，所以见天功也。"[1]在董仲舒看来，天功的显示，是通过人间君主的制礼作乐即变道而得以实现的。换言之，出于显示天功的需要，君主就必须要变道。其二，"先王之道必有偏而不起之处"。在董仲舒看来，再好的政治，推行久了，都必然会生弊（三皇五帝理想化的治道除外），既使是"先王之道"也不例外。董仲舒说："先王之道必有偏而不起之处，故政有眊而不行，举其偏者以补其弊而已矣。"[2]这就是说，道有弊是必然的，关键是要"补其弊"。其三，"继乱世者其道变"。三王之道更替的过程，其实就是一个损益补弊的过程。董仲舒认为，既然道不变是以道无弊为其前提条件的，那么，道有弊就必须要变道，"继治世者其道同，继乱世者其道变"[3]。董仲舒认为，夏、商、周三王之政的后期都出现了弊端，出于救弊的需要，才有了忠、敬、文三王之道。三王之道更替的过程，其实就是一个损益补弊的过程。所以他说："三王之道所祖不同，

---

[1] 董仲舒：《春秋繁露》卷第一，《楚庄王》，苏舆义证本，中华书局1992年版。

[2] 《汉书》卷五十六，《董仲舒传》，中华书局1962年版。

[3] 《汉书》卷五十六，《董仲舒传》，中华书局1962年版。

第三章 "三统"说与董仲舒的历史变易思想

非其相反,将以捄溢扶衰,所遭之变然也。"[1]也就是说,三王之所以各用一道而不相守,完全是出于救弊的需要。与忠、敬、文三道更替相配合,董仲舒还有一种质文救弊说。质文救弊与三道救弊一样,都是董仲舒关于三代以降历史救弊规律的一种表述。

董仲舒论证三代以降治道必须变易,其根本目的是为了说明承周、秦之弊而建立的汉朝需要进行更化。董仲舒是一位积极入世的思想家,他的学说思想都是为现实政治服务的,以救弊为内容的变道论当然也不例外。在董仲舒看来,汉朝需要更化,除了上述一些普遍原因之外,还有两个更为直接的原因。其一,三代因善于变道而国运长久的成功经验和秦朝不知变易而导致国运短暂的失败教训,这是汉朝统治者引以为鉴的历史镜子。《天人三策》说:"圣王之继乱世也,扫除其迹而悉去之,复修教化而崇起之。教化已明,习俗已成,子孙循之,行五六百岁尚未败也。"又说:"至周之末世,大为亡道,以失天下。秦继其后,独不能改,又益甚之,重禁文学,不得挟书,弃捐礼谊而恶闻之,

---

[1]《汉书》卷五十六,《董仲舒传》,中华书局1962年版。

其心欲尽灭先圣之道，而颛为自恣苟简之治，故立为天子十四岁而国破亡矣。自古以来，未尝有以乱济乱，大败天下之民如秦者也。"[1] 其二，汉朝立国七十余年而国家没有得到善治，问题在于汉朝面对周、秦二朝弊政当更化而不更化。他说：

> 窃譬之琴瑟不调，甚者必解而更张之，乃可鼓也；为政而不行，甚者必变而更化之，乃可理也。当更张而不更张，虽有良工不能善调也；当更化而不更化，虽有大贤不能善治也。故汉得天下以来，常欲善治而至今不可善治者，失之于当更化而不更化也。[2]

在这段话中，董仲舒以琴瑟喻政治，认为不更张琴瑟，再好的琴师也弹不好乐曲；不更张政治，即使是大贤也治理不好政治。他认为基于这样一种认识，董仲舒积极规劝汉武帝"退而更化"。《天人三策》说："古人有言曰：'临渊羡鱼，不如〔退〕而结网。'今临

---

[1]《汉书》卷五十六，《董仲舒传》，中华书局1962年版。
[2]《汉书》卷五十六，《董仲舒传》，中华书局1962年版。

政而愿治七十余岁矣,不如退而更化;更化则可善治,善治则灾害日去,福禄日来。"[1]

更化就是变道。按照董仲舒的"三统"说,周、秦之道为文道,周、秦之弊当然也就是文弊。汉朝承周、秦而建,要救其弊道,就必须要"用夏之忠者"。忠道也就是质道,它是相对于文道而言的。扬雄说:"质干在乎自然,华藻在乎人事也。"[2]因此,质与文的关系也就是自然与人文的关系。表现在治道上,前者崇尚质朴,后者崇尚礼文。董仲舒对历史上的质文政治有一个总体评述,他认为历史上三皇五帝时期的政治是忠质之政,"民情质朴而不文";三代时期的政治是有质有文;而周末、秦代政治则是"文致"。文道重形式,走向极端,就必然会远离质朴的道德政治,这是周末文弊的具体表现。秦朝承周之文弊,并未对此进行更化。早在文帝时期,张释之就已经对秦朝的文弊现象有所认识,他说:"秦以任刀笔之吏,吏争以亟疾苛察相高,然其弊,徒文具耳,无恻隐之实。以故不闻其过,

---

[1] 《汉书》卷五十六,《董仲舒传》,中华书局1962年版。

[2] 扬雄:《太玄·玄莹》,司马光集注本,中华书局1998年版。

陵迟而至于二世，天下土崩。"[1] 当然，秦朝文弊的集中表现是对法制的无限崇拜。正如马育良所言，秦朝不救周末"文致"之弊，"反将礼乐之'文'发展为极端的法刑之'文'，这更离题万里了。"[2] 所以董仲舒说：秦朝"师申商之法，行韩非之说，憎帝王之道，以贪狼为俗，非有文德以教训于（天）下也。诛名而不察实，为善者不必免，而犯恶者未必刑也。是以百官皆饰（空言）虚辞而不顾实，外有事君之礼，内有背上之心，造伪饰诈，趋利无耻"[3]。这段话包括两层含义，其一是说秦朝崇尚法治；其二认为这种法治循名而不察实，并无政治功效。既然秦朝的文弊以崇尚严刑酷法为其内容，那么，汉朝反其道而行之，推行忠质之道以救文弊，这种质道也就是三皇五帝曾经推行过的"亲亲而尊尊""质朴而不文"的治国之道，一言以蔽之，即是仁政。

综上所述可知，董仲舒的"三统"历史变易学说是以循环为其表现形式，而以更化为其实质内涵的。

---

[1]《史记》卷一○二，《张释之冯唐列传》，中华书局1959年版。
[2] 马育良：《汉初三儒研究》，黄山书社1996年版，第270页。
[3]《汉书》卷五十六，《董仲舒传》，中华书局1962年版。

第三章 "三统"说与董仲舒的历史变易思想

这种更化史观的本质特征是主张变道,因此,变道救弊是董仲舒"三统"历史变易学说的精神实质之所在。值得注意的是,董仲舒认为三皇五帝道不变,尧、舜、禹三圣相守一道,这只是儒家理想主义和崇圣观在其历史观上的一种表现,它只是反映了董仲舒历史观的虚幻一面;而董仲舒对三代以下变道救弊的评述,则是从历史主义和现实主义出发的,它反映了董仲舒历史观的真实一面。就三代以下变道救弊而言,董仲舒肯定三代变道救弊,而斥责秦朝不知变道,对汉朝政治当更化而不更化提出批评。当然,就董仲舒变道论的本质而言,他是通过以古喻今的方法,来论证汉朝进行更化的必要性的。他对秦朝以前变道救蔽的评述,实际上都是为汉朝的更化张目的。

第四章　司马迁历史变易思想的理论渊源

众所周知,"通古今之变"是司马迁撰述《史记》的旨趣之一,历史变易思想是司马迁史学思想的重要组成部分。以往论者对司马迁历史变易思想的具体内含多有论述,而对其理论渊源则少有论及,仅有少数学者注意到了《周易》通变思想对司马迁历史变易思想的影响[1]。纵观司马迁历史变易思想的理论渊源,其荦荦大者主要有三,即《周易》的通变思想、邹衍的"五德"说和董仲舒的"三统"说。

---

[1] 如吴怀祺《易学与中国史学》(《南开学报》1997年第6期)、韩伟表《论司马迁对〈周易〉的范式践履》(《周易研究》2002年第2期)和郑万耕《〈史记〉与〈周易〉》(《史学史研究》2004年第4期)等。

第四章　司马迁历史变易思想的理论渊源

一、哲理基础:《周易》的通变思想

司马迁历史变易思想的哲理基础是《周易》的通变思想。吴怀祺先生认为,"易学是司马迁家学渊源之一,也是他的史学基石的组成部分。"[1] 司马迁之父司马谈曾"受《易》于杨何",司马迁父子还以"正《易》传"为己任,将此看作扬名于后世的伟大事业。易学的本质是讲变易,认为变易是宇宙间的普遍法则。《丰》卦彖辞说:"日中则昃,月盈则食,天地盈虚,与时消息,而况于人乎?况于鬼神乎?"对于《易》之变易思维特征,司马迁是心领神会的,所以《太史公自序》说:"《易》著天地阴阳四时五行,故长于变。"又说:"《易》以道化。"《史记》一书很多地方都以《易》的变易思想来解说历史。

《周易》变易思想主要体现于《易传》,《系辞下》将《易传》的变易思想集中表述为"《易》穷则变,变则通,通则久"。这就是说,当事物发展到了尽头之时,

---

[1] 吴怀祺:《易学与中国史学》,《南开学报》1997年第6期。

就必须要进行变易；变易之后，事物的发展才会畅通无阻；畅通的事物必然会持续较长时间的发展势头。司马迁将《易传》的这一变易思想运用于对社会历史的考察之中，由此而提出了"承敝易变"的历史变革论。在司马迁看来，一个政权的覆灭，必然是这个政权在制度上出现了种种弊端，因此，代之而起的新兴政权，就必须要针对前朝制度的种种弊端进行变易，只有这样，新兴的政权才能得到稳定。基于这一认识，司马迁在《太史公自序》中明确提出了他修作《八书》的旨趣，就是为了"承敝通变"。司马迁说："礼乐损益，律历改易，兵权山川鬼神，天人之际，承敝通变，作八书。"在比较了秦、汉建国之后的改制情况后，司马迁说："周秦之间，可谓文敝矣。秦政不改，反酷刑法，岂不缪乎？故汉兴，承敝易变，使人不倦，得天统矣。"[1]司马迁认为，秦皇朝继周而建，却没有针对周朝制度的种种弊端进行变易，相反，却实行严刑酷法，这是导致秦朝迅速败亡的原因所在；汉皇朝继秦而建，却能够针对秦的各种制度弊端进行变易，主要表现在一

---

[1]《史记》卷八，《高祖本纪》，中华书局1959年版。

第四章 司马迁历史变易思想的理论渊源

反秦的严刑酷法,而实行与民休息的治国政策,从而使政权得到了稳定。

"《易》穷则变"之"变"的主体是人,《易传》强调人事在事物变易中的积极作用。《系辞下》说:"神农氏没,黄帝、尧、舜氏作,通其变,使民不倦,神而化之,使民宜之。"司马迁赞同《易传》的说法,不但肯定人在创造历史过程中的作用,而且强调人在变革历史过程中所起的重要作用。《史记》重视对于变革历史的记述,而略于和平时期的历史记述。据统计,《史记》关于黄帝以来3000年历史记述总共有52万余字,而关于周初、战国、秦汉之际和武帝建元后4个主要变革时期的历史记述,却有40余万字数,由此可见其重视变革历史记述之一斑。张大可称这种撰述原则为"详变略渐"。[1] 司马迁重视记述变革之史,当然也重视记述和评论那些变革时代的风云人物——变革家们的事迹。《平准书论赞》说:"汤武承敝易变,使民不倦,各兢兢所以为治,而稍陵迟衰微。"在此,司马迁对商汤和周武王建国后,及时改易前朝之敝,从而

---

[1] 张大可:《司马迁评传》,南京大学出版社1994年版,第194页。

使民不倦给予了肯定。司马迁虽然对商鞅的刻薄寡恩提出批评，但却充分肯定了商鞅变法对秦国的强盛所起的重要作用。《商君列传》说：商鞅之法"行之十年，秦民大悦，道不拾遗，山无盗贼，家给人足。民勇于公战，怯于私斗，乡邑大治"。《燕召公世家》对燕昭王新政给予肯定。昭王即位于齐国破燕之后，为雪先王之耻，他卑身厚币以招贤，吊死问孤而与百姓同甘苦，结果四方之士争先趋燕，燕国因此而逐渐国富兵强，最终得以破齐雪耻。对于管仲实行改革，成就齐桓公霸业，司马迁同样给予了肯定。《齐太公世家》说管仲与鲍叔牙等人"修齐国政，连五家之兵，设轻重鱼盐之利，以赡贫穷，禄贤能，齐人皆说"。《管晏列传》则说："管仲既任政相齐，以区区之齐在海滨，通货积财，富国强兵"；"其为政也，善因祸而为福，转败而为功"；"齐桓公以霸，九合诸侯，一匡天下，管仲之谋也。"司马迁对越王勾践改革图治以成霸业给予了很高的评价，《越王勾践世家》说："苗裔勾践，苦身焦思，终灭强吴，北观兵中国，以尊周室，号称霸王。勾践可不谓贤哉！"《史记》一书还对历史上其他一些著名改革家如李悝、吴起、赵武灵王等人的变革业绩都作

第四章　司马迁历史变易思想的理论渊源

了详细记述。

由上可知，司马迁"承敝易变"的思想主旨主要有二：一是认为物久必生敝，故要"承敝易变"；二是强调"承敝易变"必须以"使民不倦"为目的。所以司马迁说："汤武承敝易变，使民不倦。""汉兴，承敝易变，使人不倦，得天统矣。"《史记》对历史上那些有利于民众的改革，总是加以肯定和赞扬的。

当然，"《易》穷则变"之"变"，在《易传》的作者看来，主要是指一种自然和社会的变革，但也不排除在特殊情况下需要进行革命。也就是说，当事物的弊端已经无法通过一般的变革加以消除之时，则唯有通过革命的途径加以解决。《革》卦彖辞云：

> 革，水火相息，二女同居，其志不相得，曰革。巳日乃孚，革而信之。文明以说，大亨以正。革而当，其悔乃亡。天地革而四时成，汤武革命，顺乎天而应乎人。革之时大矣哉！

在此，《易传》首先在卦象上肯定了革命是势在必行之举；其次，《易传》充分肯定了革命的意义在于"文明以说，大亨以正"，亦即"通其变，使民不倦"之义；最后，《周易》强调革命是自然界和人类社会共同的法则，天地要靠革命而成四时，人类要靠革命而以仁易暴。由此来看，变易也好，革命也好，只是方式方法不同，目的都是为了除去与民不便之弊。

对于《易传》所宣扬的这一革命的思想，司马迁同样也作了继承。司马迁不但直接承袭《易传》肯定汤武革命的思想，而且还以这种革命思想作指导，来评述古往今来的历史。最典型的例子莫过于列陈胜入《世家》，将陈胜首义与汤武革命和孔子作《春秋》相提并论。《太史公自序》说：

> 桀、纣失其道而汤、武作，周失其道而《春秋》作。秦失其政，而陈涉发迹，诸侯作难，风起云蒸，卒亡秦族。天下之端，自涉发难。作《陈涉世家》第十八。

司马迁肯定陈胜首义之功，当然是与《易传》肯定革命的思想对他的影响分不开时。同时，肯定革命也是正统儒家的一个基本观点。董仲舒就说："夏无道而殷伐之，殷无道而周伐之，周无道而秦伐之，秦无道而汉伐之。有道伐无道，此天理也。"[1] 司马迁闻学于董仲舒，自然也从董仲舒那里受到这种革命思想的影响。在司马迁看来，秦皇朝的统治已是天怒人怨，如同事物已到穷尽之时，只有通过革命的手段，才能使封建统治柳暗花明又一村。而暴虐的秦皇朝最终被得以推翻，陈胜有首义之功。司马迁是将陈胜当作秦汉之际社会大变革时期的重要历史人物加以称颂并载入史册的。

二、对邹衍五德终始历史变易观的汲取

"五德"说为战国阴阳家代表人物邹衍系统阐述的关于历史王朝更替的一种学说[2]。这一学说认为，历史王朝的更替，是依据土、木、金、火、水相胜之序进

---

[1] 董仲舒：《春秋繁露》卷第七，《尧舜不擅移汤武不专杀》，苏舆义证本，中华书局1992年版。

[2] 据《史记》卷七十四《孟荀列传》载，邹衍曾着《终始》、《大圣》之篇10余万言；《汉书·艺文志》则著录有《邹子》49篇和《邹子终始五德》56篇。可惜邹子本人的著作都已失传。后人了解这一学说，主要依据《史记》的《秦始皇本纪》、《封禅书》和《孟子荀卿列传》等，以及《吕氏春秋·应同》篇的记载。

行的，落实到具体历史发展阶段，则是黄帝得土德，大禹得木德，商汤得金德，文王得火德，后者依次胜前者而兴。依据相胜之理，代火者必将水，此后的王朝一定是一个水德王朝。每一王朝兴起之时，必有祥瑞符应出现，如黄帝得土德之兆是"天先见大螾大蝼"，这是土气胜的表现；大禹得木德之兆是"天先见草木秋冬不死"，这是木气胜的表现；商汤得金德之兆是"天先见金刃生于水"，这是金气胜的表现；文王得火德之兆是"赤乌衔丹书集于周社"，这是火气胜的表现。每一得新德的王朝建立后，都必须要变更一切旌旗服色和文物制度，如黄帝得土德，"其色尚黄，其事则土"；大禹得木德，"其色尚青，其事则木"；商汤得金德，"其色尚白，其事则金"；文王得火德，"其色尚赤，其事则火"。同样，得水德者"其色尚黑，其事则水"。[1]

　　自从邹衍创立并系统阐发这一学说后，秦与汉初的学者们普遍倡言"五德"，遂使其成为秦汉以来最有影响的一种历史变易学说。生活在"五德"说盛行的西汉时期的史学家，司马迁自然也受到了这一学说的

---

[1]《吕氏春秋·应同》，诸子集成本，中华书局1954年版。

第四章 司马迁历史变易思想的理论渊源

影响,《史记》对"五德"说作了大量的汲取,遂使"五德"说成为司马迁历史变易思想的重要内涵之一。

首先,《史记》所构建的五帝、三王古史系统的历史运次采纳了"五德"说的思想。《五帝本纪》说黄帝"有土德之瑞,故号黄帝"。这个土德之瑞,应该就是邹衍所说的"大螾大蝼"。《殷本纪》说:"汤乃改正朔,易服色,上白,朝会以昼。"色尚白,显然是说商为金德。关于周朝德属,根据《周本纪》的记载,在周武王起兵时就已经显现其火德的符瑞:"武王渡河,中流,白鱼跃入王舟中,武王俯取以祭。既渡,有火自上覆于下,至于王屋,流为乌,其色赤,其声魄也。"这段话讲了两件事,其一是说武王得火德,其瑞应便是赤乌;其二,武王杀祭白鱼,这里白鱼即指得金德的商纣王,预示着火要灭金建朝。

值得注意的是,关于黄帝以后和商汤、武王以前各帝王的德属,《史记》并没有明确记载。我们认为司马迁是采纳邹衍的说法,并没有另外赋予颛顼、帝喾、帝尧、帝舜四帝的德属,而是以他们共尊黄帝的土德的,因为《五帝本纪》说,"自黄帝之舜、禹,皆同姓而异国号"。既然是同姓,就都共同遵守黄帝的土德。至于大禹开创的夏朝,邹衍是给予木德的,而《史记·夏本纪》没有记载其德属,《五帝本纪》先是说"自黄帝之舜、禹,皆同姓而异国号",按照这句话来理解,如果说颛顼、帝喾、帝尧、帝舜四帝共尊土德的话,似乎大禹也应该是尊土德。但是《五帝本纪》接着又说:"帝禹为夏后,而别氏姓姒氏。契为商,姓子氏。弃为周,姓姬氏。"显然又是将夏、商、周并称的,而且《夏本纪》的开篇人物就是大禹。因此,大禹应该不在共尊黄帝土德的帝王行列当中。如果这种说法成立的话,那么我们说《史记》是以黄帝为土德,颛顼、帝喾、帝尧、帝舜四帝共尊土德,商汤为金德,周朝得火德,而大禹在得金德的商汤之前,自然是木德,这也符合邹衍的德属排列。问题是,《史记》没有记载颛顼、帝喾、帝尧、帝舜四帝德属,只是说"自黄帝之舜、禹,皆同姓而异国号",我们就一定能判定他们都是共尊土德的帝王吗?其实这里还有一个证明的方法,那就是以黄帝土德、商汤金德、武王火德为基点,用五德来对应《史记》所排列的古史系统——五帝、三王,这样的排列顺序应该是:黄帝土德、颛顼木德、帝喾金德、帝尧火德、帝舜水德、大禹土德、

第四章 司马迁历史变易思想的理论渊源

商汤木德、武王金德。这种对应排列的结果,使得商汤成了木德、武王成了金德,显然是与《史记》的商汤金德说和武王火德说相矛盾的。由此也可以反证,《史记》确实没有用给予颛顼、帝喾、帝尧、帝舜四帝另外的德属,而是以黄帝等五帝为土德、三代的夏朝为木德、商汤为金德、武王得火德的。这样的德属排列,完全跟邹衍是相一致的。

其次,《史记》关于秦汉统绪采纳了"五德"说的思想。对于秦皇朝的德属,《史记·秦始皇本纪》作了详细记述:"始皇推终始五德之传,以为周得火德,秦代周德,从所不胜。方今水德之始,改年始,朝贺皆自十月朔。衣服旄旌节旗皆上黑。数以六为纪,符法冠皆六寸。而舆六尺,六尺为步,乘六马。更名河曰德水,以为水德之始。刚毅戾深,事皆决于法,刻削毋仁恩和义,然后合五德之数。"这段话不但明确指出秦朝是个水德政权,而且还依据水德建立起一整套文物制度,具体包括改年号、改历法、尚黑色、六为度量单位、实行法治等。从《秦始皇本纪》的记载可知,如果说邹衍是五德终始说的理论家的话,那么秦始皇则是实践家,是第一位依据五德终始说建立朝代制度的皇帝。这样做的目的,自然是要说明秦皇朝统治的合理性。而《史记·秦始皇本纪》详载秦朝德属及其与秦朝制度建设的关系,说明司马迁也是认为秦朝是得水德建朝建制的。

关于汉皇朝的德属问题,按说汉皇朝继秦而建,应该是以土德代水德,也是新一轮五德的开始。然而实际上,汉初的德属问题却较之远为复杂。汉朝初年刘邦、惠帝时期,由于"庶事草创,唯一叔孙生略定朝廷之仪。若乃正朔、服色、郊望之事,数世犹未章焉"[1]。到了汉文帝时期,开始出现关于汉朝德属的水德和土德两种说法。据《张丞相列传》载,张苍以秦短祚,认为汉当为水德;《屈原贾生列传》载,贾谊认为汉当为土德;《历书》说公孙臣亦主汉为土德说。持土德说的当然是承认秦朝水德。这是发生在汉文帝时期的一场关于汉朝德属的争论,结果未作定论。对于汉朝这场德属争论,司马迁是赞同贾谊、公孙臣汉朝为土德说的,《汉书·郊祀志赞》说:

---

[1]《汉书》卷二十五下,《郊祀志》,中华书局1962年版。

第四章 司马迁历史变易思想的理论渊源

> 孝武之世，文章为盛，太初改制，而兒宽、司马迁等犹从臣、谊之言，服色数度，遂顺黄德。彼以五德之传从所不胜，秦在水德，故谓汉据土而克之。

这段话不但记载了汉武帝时期参与修撰《太初历》的兒宽、司马迁等人是赞成汉朝土德说的，而且也明确指出《太初历》最终确定了汉朝的土德，所谓"遂顺黄德"即是。实际上，汉武帝太初年间的修历，是采用了"三统"说的正朔和"五德"说的服色度数，如《汉书·武帝纪》说："以正月为岁首，色尚黄，数用五"；《汉书·郊祀志下》也说："汉改历，以正月为岁首，而色尚黄。"

此外，《史记》宣扬的革命思想也符合"五德"之义。邹衍的"五德"说讲五行相胜、相克，因而是一种主张革命的学说，与西汉末年出现的五行相生之"五德"说主张禅让正相反。司马迁主张革命，如"三王本纪"对历史上桀、纣的残暴进行揭露，肯定汤武革命的正当与合理性；《陈涉世家》列陈胜入"世家"，将陈胜首义与汤武革命和孔子作《春秋》相提并论，如此等等，对此前文已有论及，不再赘言。

三、对董仲舒"三统"历史变易观的汲取

对"三统"学说记述最为详尽的，当数董仲舒的《春秋繁露》一书。这一学说认为历史朝代是按照黑统、白统和赤统三统依次循环更替的，凡异姓受命而王，都必须要改正朔、易服色，其中黑统以寅月（一月）为正月，色尚黑；白统以丑月（十二月）为正月，色尚白；赤统以子月（十一月）为正月，色尚赤。新王即位之所以要改制，是要以此来报答天命，同时与前朝区别开来。以"三统三正"来对应历史朝代，董仲舒认为夏朝是黑统，建寅，色尚黑；商朝是白统，建丑，色尚白；周朝是赤统，建子，色尚赤。值得注意的是，董仲舒认为周朝之后，《春秋》当为黑统，由于孔子有其德而无其位，只能托于王鲁而作《春秋》，以为汉朝制法，于是汉朝便以黑统上接周朝赤统，其间蕴含了一种摒秦的思想。新王建朝，必须保留前二朝之后，为他们封土建国，这叫着"存三统"（又称"通三统"）。本届三统称作三王，三王之上则有五帝、九皇，共为

第四章 司马迁历史变易思想的理论渊源

九代。三统（或称三王）移于下，则五帝、九皇依次上绌。[1] 与"三统"说相为对应、互为表里的则是"三道"说。董仲舒认为，对应夏、商、周的黑、白、赤三统的，便是忠、敬、文三道。如果说"三统"言改制只是"改正朔、易服色"的话，那么"三道"言变易则是肯定道变，是一种深层次的变革。而董仲舒"三统"说的实质，恰恰就在于变道救弊。

司马迁曾"闻董生曰"，董仲舒的经学思想和历史观对于司马迁影响巨大，其中就包括"三统"说对司马迁历史变易思想的影响。《史记》对董仲舒"三统"说的汲取，主要表现在以下四个方面：

首先，"三统"说之"民皇帝王"论与《史记》五帝、三王系统的创立。如上所述，董仲舒的"三统"说认为，历史的发展是由近及远依次按照三王、五帝、九皇、民上绌，"民皇帝王"作为一个大系统是循环变易的，三王、五帝各自作为一个小系统也是循环的。由于上推第九朝为皇，九皇之上为民，因此，历史朝代帝王系统其实主要是九代。由于董仲舒通常是以周为新王、

---

[1] 董仲舒：《春秋繁露》卷第七，《三代改制质文》，苏舆义证本，中华书局1992年版。

以三代为"三统"来论三王五帝九皇的[1],故而他确立的古史帝王系统便是:周、商、夏"三王"——帝舜、帝尧、帝喾、颛顼、黄帝"五帝"——神农"九皇"。当然,这个系统会随着新的王朝不断出现而不断变化,亦即依次循环上绌。[2]

以董仲舒"三统"说的"王帝皇民"论来观照司马迁《史记》的古史观,二者可谓是如同一辙。我们从《史记·十二本纪》的编排可以清楚地看到,司马迁是以《五帝本纪》为开篇章,这"五帝"与董仲舒《春秋繁露·三代改制质文》以周为新王而叙述的"五帝"是完全一样的,他们分别是黄帝、颛顼、帝喾、帝尧和帝舜。接着,《史记》撰述了夏、商、周三王"本纪",也称"三代",这与《三代改制质文》等篇关于夏、商、周或称"三王"、或称"三代"也是一致的。稍有不同的是,《三代改制质文》明确以神农为"九皇",而《史记》里没有采用"九皇"说,不过《五帝本纪》也明确记载了作

---

[1] 董仲舒:《春秋繁露》卷第七,《三代改制质文》,苏舆义证本,中华书局1992年版。

[2] 苏舆说:"董以三代定三统,故以前云绌。"(参见《春秋繁露》卷第七,《三代改制质文》注文)

第四章 司马迁历史变易思想的理论渊源

为五帝第一帝——黄帝之前是炎帝神农氏，黄帝是因"神农氏世衰"而起的，这里的神农氏被称为炎帝，而不是"九皇"。在《史记》中，秦汉以前的历史，除去《秦本纪》外，便是由《五帝本纪》和"三王本纪"构成的，因此，它们便是《史记》所构造的一个完整的古史系统。对照一下《春秋繁露·三代改制质文》，我们很清楚地看到，其实这也就是董仲舒所叙述的古史系统。由此可知，司马迁与董仲舒的古史观是如此惊人的相一致。

问题是，这种"五帝""三王"论是不是汉武帝时期人们的一种普遍的叙述历史运次的古史观？我们的答案是并不尽然。首先，从远一点的战国后期来说，如前所述，五德终始说的创立者邹衍的古史系统便只有黄帝、大禹、商汤和文王四朝。《吕氏春秋·应同》不但记载了邹衍的五德终始说，而且还接着邹衍的说法，认为"代火者必将水"，说明《吕氏春秋》在历史运次上是赞同邹衍五德终始说的[1]。相比较于邹衍和

---

[1] 应该指出的是，在《吕氏春秋》不少篇章中已经提到了三皇（未具名）和黄帝、颛顼、帝喾、帝尧、帝舜之五帝，只是在解说历史运次时，还是采用了邹衍的五德说。故而其历史运次说与其对古史的认识并不一致。

《吕氏春秋》，董仲舒和司马迁以五帝、三王为历史运次的古史系统更为丰富，二者相一致的地方，则都是以黄帝为人文始祖与历史开端。其次，从与董仲舒、司马迁同时代的刘安来说，他召集门客编撰的《淮南鸿烈》一书虽然具有丰富的历史变易思想，其关于历史运次的解说，却要比董仲舒、司马迁简单、粗糙得多。如《淮南鸿烈·俶真训》提出了历史五阶段论："混冥"之世、伏羲氏之世、神农与黄帝之世、昆吾与夏后之世和"周室之衰"之世；《览冥训》则将汉以前的历史分为六个阶段：往古之时、虑戏氏之时、黄帝之时、夏桀之时和晚世之时。综合《淮南鸿烈》的古史划分，夏以前可知的帝王是伏羲、神农与黄帝三个，跟董仲舒、司马迁的古史系统相比，少了颛顼、帝喾、帝尧、帝舜，增加了传说色彩更为浓厚的伏羲氏。因此，这个古史系统也要简单得多，说明董仲舒与司马迁的古史系统可能并非汉武帝时期人们的一种普遍认识。其三，董仲舒《三代改制质文》只是论述了以周为新王和以《春秋》为新王的古史系统，没有论及神农以前的历史，只是笼统地说九皇上绌"下极其为民"。而司马迁《史记》确实提到了很多传说古帝王，如《封禅书》

第四章 司马迁历史变易思想的理论渊源

借管仲之口,说"古者封泰山禅梁父者七十二家",管仲只记得其中的12家,他们分别是无怀氏、虙羲、神农、炎帝、黄帝、颛顼、帝喾、尧、舜、禹、汤和周成王。这里所谓管仲对于古史系统的认识,其实是司马迁本人对于古史系统的认识。从中可知,司马迁知晓传说中的古72帝王之事,而能确知的也就是12个帝王;而12个古帝王中,真正被司马迁列入其古史系统的则只有8个,其中炎帝与神农合二为一,作为五帝之前的帝王被写入《史记》,却没有被视为五帝之一,其他则皆未入。由此可见,司马迁之所以采纳董仲舒的三王、五帝古史系统,是经过选择然后确定的。值得注意的是,司马迁在《五帝本纪》的"太史公曰"中,虽然对为何以五帝为历史开篇的原因作了说明,当中却并没有提及受董仲舒"三统"说古史观的影响,然而二者古史系统如此的一致,应该不是一种巧合,它与司马迁"闻于董生"肯定是有密切关系的。

司马迁是中国史学开始"成一家之言"的人,《史记》是中国纪传体正史第一部,其在中国史学史上的地位是不言而喻的。也正因此,《史记》受董仲舒"三统"说影响而创立的"五帝""三王"这套古史系统,其次,"三统"说之"三道"论与《史记》关于三代历史的解说。"三统"说的重要内涵之一是"三道"论。董仲舒认为夏、商、周三王的礼乐制度是按照忠、敬、文"三道"依次变易更替的,这一思想被司马迁所接受。《史记》在评述夏、商、周三代历史时,便是直接采用了"三道"论的说法,认为随着夏、商、周三朝的历史更替,其礼乐制度的改易便依次按照忠、敬、文"三道"之序循序进行。司马迁说:

> 夏之政忠。忠之敝,小人以野,故殷人承之以敬。敬之敝,小人以鬼,故周人承之以文。文之敝,小人以僿,故救僿莫若以忠。三王之道若循环,终而复始。周秦之间,可谓文敝矣。秦政不改,反酷刑法,岂不缪乎?故汉兴,承敝易变,使人不倦,得天统矣。[1]

在这段话中,司马迁一方面认为夏、商、周制度

---

[1]《史记》卷八,《高祖本纪》,中华书局1959年版。

第四章　司马迁历史变易思想的理论渊源

变易是通过后朝对前朝的损益救弊而按照忠、敬、文秩序进行的，忠、敬、文三王之道的变易是"若循环，终而复始"；一方面则明确指出当周末出现"文敝"时，接周而建的秦皇朝不但不知道救周之"文敝"，反而将周代礼乐之"文"推极到刑法之"文"，而汉朝却能"承敝易变，使人不倦"，乃"得天统矣"。

值得注意的是，司马迁在接受董仲舒的"三道"理论来解说自夏以来的历史变易的同时，也继承了董仲舒"三统三道"说中所蕴含的摒秦思想。董仲舒以"五德"说来论秦朝历史，是肯定其历史统绪的，如《尧舜不擅移汤武不专杀》篇以相胜之理，肯定古今之变是一个"夏无道而殷伐之，殷无道而周伐之，周无道而秦伐之，秦无道而汉伐之"的相克相胜过程；而以"三统"说来论，则又否定了秦朝的历史统绪。司马迁也同董仲舒一样，在采用这两套不同学说解说秦朝历史时，同样出现了这样的矛盾说法。而司马迁"摒秦"论的理论依据，似乎也是从董仲舒那里来的。从《高祖本纪》的记载可知，司马迁认为，在自夏至汉的历史变易过程中，只有秦的变易因方法荒谬而未果，而继起的汉皇朝则完成了救周之弊的历史变易。如果我们将这一说法与董仲舒"今汉继大乱之后,若宜少损周之文致,用夏之忠者"[1]之语相比较便不难看出,其实两种说法是相一致的,它们都肯定了秦朝不知变道和汉朝在制度上是以忠道接续周朝的文道的,因而他们的历史变易论都含有明显的"摈秦"之义。

再次,"三统三正"与司马迁汉朝当"行夏之时"的历法思想。"三统"改制的一项重要内容是改正朔,所谓"三统三正"。司马迁肯定"三统"循环变易,当然也主张"三正"循环变易。《历书》说:"夏正以正月,殷正以十二月,周正以十一月。盖三王之正若循环,穷则反本。"

司马迁曾参与主持汉武帝太初年间的改历活动,这次修定的《太初历》,便是采用了"三统"说的正朔,用夏正,以正月为岁首。虽然《太初历》采用"三统"说的正朔并不能肯定就是司马迁的意见,但据《史记·韩长孺列传》载司马迁言:"余与壶遂定律历",以及《太史公自序》对这次修历活动的高度重视来看,《太初历》应该蕴含了司马迁的历法思想。更为重要的

---

[1]《汉书》卷五十六,《董仲舒传》,中华书局1962年版。

是，司马迁敬仰孔子，而据《论语·卫灵公》载，孔子是主张"行夏之时"的。从这个角度而言，司马迁正是通过《太初历》的修定而实现了孔子"行夏之时"的理想。

《太初历》的行夏之时，也蕴含有"摒秦"思想。这是因为，既然汉代的历法《太初历》是行夏之时，也就意味着汉正是直接接续周正的，就如同汉代的忠道接续周朝的文道一样。这样一来，秦皇朝从历法上也就被排除于历史王朝统绪之外了。

最后，"三统"说的更化救弊思想与《史记》的历史发展观。我们知道，董仲舒的"三统"说既是一种循环史观，同时又内蕴有历史发展的思想，这集中表现在"继乱世者其道变"的变道更化救弊上。司马迁在吸取了董仲舒"三统"循环论史观的同时，也承继并着重发展了这一学说蕴含的历史发展思想。

司马迁的历史发展观，其一体现在《史记》的撰述原则上。《史记》撰述原则所体现的历史发展观一是强调详今略古。《史记》虽然记述了上下三千年的历史，但重点却是记述汉兴以来的历史。据统计，《史记》专述汉史共有62个专篇，另有13篇内容兼及汉史，篇目已超过了全书的半数。由此可见，司马迁是非常重视对现当代历史的研究的。二是注重详变略渐。这一点前已详论，不再赘言。

其二体现在肯定秦汉大一统功业上。司马迁对秦的暴政是颇有微词的，认为秦不知"承敝易变"，不以仁义治天下。但从"终始"的眼光来看秦皇朝，司马迁还是充分肯定了秦的大一统功业。《六国年表》说："秦取天下多暴，然世异变，成功大。"对于汉朝的统一功业，司马迁更是加以热情讴歌。《高祖本纪》说汉朝的建立是"得天统矣"；《货殖列传》对汉初70年间推行与民休养生息政策，从而造就文景盛世局面，给予了热情赞颂。

其三，有较明确的"法后王"思想。这里的"后王"是相对于先王即古圣王而言的，实指近现代的君王。"法后王，"其实就是强调以近现代历史为鉴。《高祖功臣侯者年表》说：

> 居今之世，志古之道，所以自镜也，未必尽同。帝王者各殊礼而异务，要以成功为统纪，岂可绲乎？观所以得尊宠及所以废辱，亦当世得失之林

第四章　司马迁历史变易思想的理论渊源

也,何必旧闻?

在此,司马迁一方面强调以历史为借鉴的目的是"要以成功为统纪",一方面明确认为历史借鉴"何必旧闻"。《六国年表》也说:"然战国之权变亦有可颇采者,何必上古。"认为历史借鉴不一定非要取法于上古。司马迁还解释了为何要"法后王"的原因,《六国年表》说:"传曰'法后王',何也?以其近己而俗变相类,议卑而易行也。"在司马迁看来,"俗变相类"和"易行"就是"法后王"的原因之所在。

第五章 刘歆的新五德终始历史学说

　　五德终始说作为一种以土、木、金、火、水五行相胜之序来解说王朝更替的历史学说，为战国阴阳家邹衍所创立。自此以后，人们都以这种学说作为王朝建立的一种合法依据，秦的水德制度和汉的土德制度皆是据此而建立起来的。但至西汉末年，古文经学家刘歆一改传统的五行相胜之五德终始说，而以木、火、土、金、水五行相生之序来解说历史王朝的更替，从而创立了一种五行相生之五德终始说。与旧的五行相胜之五德终始说相对而言，刘歆的五行相生之五德终始说则是一种新的五德终始说。

第五章　刘歆的新五德终始历史学说

一、新五德终始说是刘歆而非刘向的历史学说

《汉书·郊祀志赞》在论及西汉五德终始说由相胜到相生的演变过程时说：

> 汉兴之初，庶事草创，唯一叔孙生略定朝廷之仪。若乃正朔、服色、郊望之事，数世犹未章焉。至于孝文，始以夏郊，而张仓据水德，公孙臣、贾谊更以为土德，卒不能明。孝武之世，文章为盛，太初改制，而兒宽、司马迁等犹从臣、谊之言，服色数度，遂顺黄德。彼以五德之传从所不胜，秦在水德，故谓汉据土而克之。刘向父子以为帝出于《震》，故包羲氏始受木德，其后以母传子，终而复始，自神农、黄帝下历唐虞三代而汉得火焉。故高祖始起，神母夜号，著赤帝之符，旗章遂赤，自得天统矣。

这段话的中心意思是说，在刘向父子之前，汉人沿袭传统五行相胜之五德终始学说，而认为"秦在水

德""汉据土而克之";刘向父子一反传统的五行相胜说,而用五行相生之五德终始说来解说自伏羲以来的王朝更替的历史,认为汉当为火德。在此,《汉书·郊祀志赞》认为持五行相生之五德终始说而以汉为火德的是"刘向父子"。然而,《郊祀志赞》的说法与实际情况并不相符,其理由有二:

第一,从史料来看。说刘向以五行相生解说历史而定汉为火德,除了《汉书·郊祀志赞》作了记载外,荀悦《汉纪·高祖纪》亦云:"及至刘向父子,乃推五行之运,以子承母,始自伏羲;以迄于汉,宜为火德。其序之也,以为《易》称'帝出乎《震》',故太昊始出乎《震》,为木德,号曰伏羲氏。"《汉纪》这段记载与《汉书·郊祀志赞》完全一样,显然是抄袭《汉书》陈说而成。除此之外,我们却找不到能够证明刘向是以五行相生解说历史而定汉为火德的任何其他材料。值得注意的是,《汉书·律历志上》还有一段耐人寻味的话,其曰:"至孝成世,刘向总六历,列是非,作《五纪论》。向子歆究其微眇,作《三统历》及《谱》以说《春秋》,推法密要,故述焉。"刘向所作《五纪论》今已不传,我们无法知晓其具体思想。但是,就在这句话之

第五章 刘歆的新五德终始历史学说

后,颜师古注曰:"自此以下,皆班氏所述刘歆之说也。"这就明确告诉人们,以下所述《三统历谱》的内容乃为刘歆的学说而非刘向的学说,而正是这部《三统历谱》之《世经》篇,详细叙述了以五行相生解说历史而定汉为火德之新五德终始说。由此可见,说新五德终始说为刘向父子共同所持,缺乏材料依据。从现有材料出发,我们只能肯定他是刘歆的学说。

第二,从思想倾向而言。一般来说,持五行相生说者,往往在政权更替上倾向于禅让;而持五行相胜说者,在政权更替上则倾向于革命。以西汉历史而论,在西汉前期和中期,人们普遍倡言革命说而忌讳禅让说;在西汉末年,随着政局的衰败,人们则普遍倡言禅让说,当时社会上"异姓受命"和同姓"更受命"呼声的兴起,便是这种禅让主张的具体表现。然而,刘向却是一位具有强烈刘氏正统观念的思想家。虽然他生活的宣、元、成时代,是西汉皇朝逐渐走向全面危机的时期。特别是成帝之时,随着外戚王氏势力的强大,刘氏皇朝的统治已经是岌岌可危了。但在刘向看来,刘汉皇朝尚未达到无可挽回的地步,只要刘家皇帝充分认识到外戚王氏专权对于刘氏政权的威胁,从而设法限制乃至铲除王氏势力，就一定能使"刘氏长安，不失社稷"。出于捍卫刘家皇朝统治的责任感和使命感，刘向一方面以汉室遗老和三朝大臣自居，屡屡上书汉成帝，极言外戚专权之患。另一方面，他又著《洪范五行传论》，以灾异说外戚，表达自己对当时时局走向的关注和对刘氏政权命运的担忧。刘向的这种忧患意识，在其与好友陈汤的谈话中已表露无遗。他说："灾异如此，而外家日盛，其渐必危刘氏。吾幸得同姓末属，累世蒙汉厚恩，生为宗室遗老，历事三主。上以我先帝旧臣，每进见常加优礼，吾而不言，孰当言者？"[1] 刘向作为一位具有强烈的维护刘氏正统的忧患意识的思想家，他当然不希望看到刘氏政权出现禅让这种结局，故而他没有倡导五行相生之五德终始说的思想根基。但是，刘向又确实有主张禅让的思想言论，如在《汉书》本传中，他上书成帝说："王者必通三统，明天命所授者博，非独一姓也。"在《说苑·至公》中，他认为尧禅位于舜是至公："古有行大公者，帝尧是也。贵为天子，富有天下，得舜而传之，不私于其

---

[1]《汉书》卷三十六，《楚元王传》，中华书局1962年版。

子孙也。"对此该作如何理解？我们认为，一则禅让之说原本起于先秦儒家对上古圣王时期政权更替的一种理想化描述，刘向作为一代名儒，他当然会俯拾先儒陈说；二则与其灾异论一样，他是有鉴于当时政治的严重危机和社会禅让呼声的高涨，而出此论以对刘家天子作出警示，其目的则是希望刘家皇朝能够不断延续下去，而使这种禅让主张不至于变为政治现实。实际上，刘向关于禅让的一些思想言论，和他的现实主张是完全相背离的。对于刘向的良苦用心，西汉皇帝是心知肚明的。故而眭孟、甘忠可因鼓吹禅让掉了脑袋，而刘向言禅让天子反而认为"向精忠"，道理就在这里。刘向正统主义的思想倾向，注定了他只会发一些主张禅让的思想言论，而不大可能去创立一种系统的五行相生之五德终始说。王葆玹认为："刘向在汉成帝时一直激烈地反对王氏专权，主张杜绝王氏篡汉的可能，他大概不会杜撰出这种循由'相生'之次的'五德终始说'，而只会提出一些与此有关的见解。"[1] 这种说法是较为中肯的。

---

[1] 王葆玹：《今古文经学新论》，中国社会科学出版社1997年版，第435页。

刘歆的思想倾向则与刘向存在着明显的不同。究其原因，一则刘歆生活的时代与刘向不尽相同。刘歆的政治生涯主要开始于哀帝之后，而汉哀帝之时，政局已是危机四伏，皇帝自己对继续统治下去都失去了信心。建平二年（前5年），哀帝决定再受命，下诏"以建平二年为太初元将元年。号曰陈圣刘太平皇帝"。后来，哀帝还一度要搞异姓受命，准备禅位于佞臣董贤。[1] 这些现象足以说明刘家的统治已经很难继续下去了。因此，刘歆尽管是刘汉宗室，他已经不可能像其父那样拥有浓厚的正统观念。二则刘歆的秉性具有一种反传统的精神。这集中表现在学术上独树古文经学大旗，挑起中国经学史上第一次古今文经学大论战。当然，刘歆敢于向当时一统天下的今文经学挑战，其理论勇气确实是可嘉的。但是，正是这种反传统的秉性，注定了刘歆不可能像乃父那样有着强烈的正统意识。三则刘歆步入政坛，是得力于外戚王莽的举荐；刘歆在仕途上之所以能飞黄腾达，也是因为王莽的重用。实际上，刘歆的整个政治生涯是与王莽紧密联系

---

[1]《汉书》卷十一，《哀帝纪》，中华书局1962年版。

在一起的。这种时代环境、个人秉性和仕宦经历，决定了刘歆在思想倾向上既不反对外戚，又正统观念淡漠，这种政治思想倾向则是他创立和倡导五行相生之五德终始说的重要思想根源。学界有一种普遍看法，就是认为五行相生之五德终始说是刘歆为王莽代汉所创，其目的是要为新莽政权的建立提供合法依据。如果从刘歆所处的时代氛围以及他个人的仕宦经历和政治思想倾向来看，这种说法是能成立的道理。

二、新五德终始学说及其创立的政治动机和历史依据

我们知道，由邹衍创立的五德终始说，是按照五行"从所不胜"秩序来解说历史王朝的变更的。据此，邹衍认为黄帝得土德，夏禹得木德，商汤得金德，周文王得火德，而秦继周而建，依据相胜之理，当为水德。[1] 汉人承继这一旧说，以汉克秦而建，当以土为德，汉的土德制度在汉武帝时被正式确定下来。与邹

---

[1] 参见《吕氏春秋·应同》、《史记》卷二十八《封禅书》等。

衍旧五德终始说相比，刘歆创立的新五德终始说有如下一些不同点：其一，邹衍的五德终始说是一种相胜说，认为历史王朝的更替是循着"土木金火水"五行相胜之序进行的；刘歆的五德终始说则是一种相生说，认为历史王朝的更替是依循"木火土金水"五行相生之序进行的。其二，邹衍的五德终始说以得土德的黄帝为历史开端，这种思想为司马迁所继承，《史记·五帝本纪》确定了黄帝为中华人文始祖的地位；刘歆的五德终始说则依据《易传》"帝出乎《震》"的说法，而认为《震》是东方之卦，东方于五行属木，因此，最古的帝王当属木德，而这个最古的帝王便是伏羲。其三，邹衍的五德终始说解说自黄帝以来的历史，只涉及黄帝、夏禹、商汤和周文王四朝，秦汉时人据此而以秦得水德、汉得土德续之，新的一轮循环才刚好开始；而刘歆以新五德终始说解说自伏羲以来的历史，我们从班固《汉书·律历志》所载《世经》可知，其古史期要比邹衍记述的长，而且罗列的王朝也比邹衍记述的多。具体而言，刘歆排列的王朝统序如下：太昊伏羲氏为木德，炎帝神农氏为火德，黄帝轩辕氏为土德，少昊金天氏得金德，颛顼高阳氏为水德；帝喾高

第五章 刘歆的新五德终始历史学说

辛氏为木德，帝尧陶唐氏为火德，帝舜有虞氏为土德，伯禹夏后氏为金德，成汤为水德；周武王为木德，汉朝为火德。[1] 从以上所列来看，刘歆的新五德终始说已经使汉以前的历史循环到了第三轮。在整个从伏羲至汉朝的德属排列中，只有黄帝为土德是两种五德终始说所公认的，其它都不相同。

值得注意的是，刘歆以五行相生之五德终始说去重构古史系统，它绝不是一种随心所欲的杜撰。我们认为，刘歆之所以要用五行相生之五德终始说来解说历史，它既有着明确的政治动机，那就是要为西汉末年政权危机寻求出路；又有着充分的历史依据，那就是他的这套古史系统的创立是与自邹衍以来人们古史观念的不断变化紧密相连的。首先，从古史系统创立的动机来看。我们知道，西汉自宣、元、成以来，统治危机已日趋严重，社会上"异姓受命"和同姓"更受命"的呼声已甚嚣尘上。如果说在汉成帝以前人们谈论受命、禅让之说还有所忌讳，少数胆大妄为者如眭孟、甘忠可之流甚至还因此而被治罪的话，那么在汉

---

[1]《汉书》卷二十一下，《律历志》，中华书局1962年版。

哀帝之后，甚至连皇帝本人也相信起禅让之说了，哀帝的改元易号，甚至准备禅让于董贤，这些举动都充分说明了刘家的统治已经很难继续下去了，与其等待革命来推翻自己，倒不如通过禅让来求得和平过渡。刘歆作为刘汉宗室和当朝重臣，他虽然不像其父那样有着强烈的正统意识，他甚至不自觉地充当了王莽篡汉的工具，但是，他也并非真心愿意看到王莽代汉成为现实，对此，只要我们看看居摄三年（前8年）刘歆与78名博士诸儒对王莽的上书即可知晓。在这份上书中，刘歆还是希望王莽能够"成圣汉之业""保佑圣汉，安靖元元"的。然而，刘歆毕竟又是一位头脑清醒、讲究现实的政治家，他显然已经看到王莽代汉已成为一种不可避免的现实。既然无法改变这种现实，他当然希望能够使政权和平地由刘氏过渡到王氏手里。以往人们谈论王莽代汉，总以为刘歆是主要帮凶，这种说法在一定意义上和一定程度上而言是正确的，毕竟刘歆不但不反对外戚专权，而且积极拥护王莽居摄；不但不维护刘氏正统，而且还创立五行相生之五德终始说，以为皇权的禅让提供历史依据。但是，刘歆拥护王莽居摄，是希望他能够像周公辅佐成王那样

第五章 刘歆的新五德终始历史学说

去"成圣汉之业""保佑圣汉",而不是希望他去代替汉室;同样,刘歆创立五行相生之五德终始说,为禅让制寻求历史依据,也是看到王氏代汉已经成为一个无法逆转的事实,与其革命推翻,不如和平禅让。因此,他鼓吹禅让,与其说是为王莽代汉服务,倒不如说是为刘汉政权能实现和平过渡服务。其实,刘歆对待禅让的态度,也是西汉末年学者们的一种普遍态度。正如王葆玹所说的,西汉末年的学者"鼓吹禅让或不反对禅让的理由,是认识到汉朝的衰亡已不可避免,真正有意义的事情不过是在暴烈的'革命'和温和的'禅让'之间进行选择,大家都害怕剧烈的社会动荡,愿意通过不流血的方式来实现权力的转移。刘歆正是在这种背景下,创立了古文经学,编排了有利于重演尧舜禹禅让故事的帝王世系,并将'五行相胜'的帝王运次改为'五行相生'的运次"[1]。

其次,从古史系统创立的历史依据来看。我们认为,刘歆以新五德终始说所构建的古史系统,是与自邹衍以来人们古史观念的不断变化紧密相连的。我们

---

[1] 王葆玹:《今古文经学新论》,中国社会科学出版社1997年版,第454页。

知道，邹衍的五德终始说主要是通过《吕氏春秋·应同》和《史记·封禅书》的记载而得以表述的。从邹衍五德终始说所构建的古史系统来看，它所叙述的历史王朝只有黄帝、夏禹、商汤和周朝四代。然而，实际上《吕氏春秋》和《史记》的作者对于古史的认识已经较邹衍丰富得多了。《吕氏春秋》的《古乐》篇提出了黄帝、颛顼、帝喾、帝尧和帝舜之五帝说；《情欲》《必己》《离俗》《上德》等篇目，都明确以神农、黄帝连称，显然认为在黄帝之前有神农；《用众》《孝行》等篇还以三皇五帝并称，三皇虽未确指是谁，但已明示在五帝之前。由于《吕氏春秋》只是记述邹衍的五德终始说，因而没有将这些可能在他看来还带有传说性质的历史人物纳入古史系统中来。司马迁也一样，他在撰写《史记》时，明明在《封禅书》中已经借管仲之口提到了在黄帝之前尚有无怀氏、虙羲、神农和炎帝诸古圣王，但是，他的《史记》却还是依据《五帝德》和《帝系》而以五帝开篇，以黄帝为中华民族的人文始祖。董仲舒作为一代宗师，在运用"三统"说解说王朝的变易与改制时，就认为古圣王改制有"再而复""三而复""四而复""五而复"和"九而复"，其中"再而复"

第五章 刘歆的新五德终始历史学说

指质、文循环;"三而复"主要是指三统三正循环;"四而复"指夏、商、质、文循环;"五而复"指五帝绌易;"九而复"指九皇绌易。[1] 董仲舒的"三统"说显然已经将古史从三代往上又追溯了数代,即所谓三王之上有五帝、五帝之上有九皇,这一古史期已经与《世经》相似。由上可知,自邹衍以来,人们的古史观念已经有了很大的改变,在三代以前存在有三皇和五帝的说法越来越普遍了,只是在传统的五德终始说中尚未全部将这些古帝王纳入其中而已。

随着西汉末年政治危机愈益加重,王氏代刘已成为不可逆转之势。面对这样一种政治局面,西汉学者们所能做到的,便是希望刘家天子能够效法古圣王那样禅位于王莽,故而积极鼓吹禅让制度。为了证明禅让的合理性,他们不但俯拾先儒的禅让陈说,而且一改传统的五行相胜之五德终始说,而代之以五行相生之五德终始说去解说历史。道理很简单,因为相胜说只能说明以革命方式完成的王朝更替,而相生说则能说明以禅让的方式完成的王朝更替,而这正是西汉

---

[1] 参见董仲舒《春秋繁露》卷第七,《三代改制质文》,苏舆义证本,中华书局 1992 年版。

末年政权更替所需要的理论依据。其实,关于五行相生之说,董仲舒在《春秋繁露》中已经对此作了阐述,只是他尚未将五行相生说运用到古史的解说中去。而到了西汉末年,人们已经普遍运用这种五行相生之说来解说历史了。如甘忠可伪造《天官历》《包元太平经》而作"赤精子之谶",便是服务于其刘家得火德之"更受命"理论的;而谷永所谓"彗星,极异也,土精所生,……兵乱作矣,厥期不久"[1],则显然是说汉家之火德不久将要被得土德的人所取代。

综上所述可知,随着自邹衍以来人们古史观念的改变和西汉末年因政权更替的需要而产生了五行相生的历史观,这就需要人们重新运用五行相生之五德终始说去对过去的历史进行一番系统的解说和整理,而刘歆的新五德终始说便是对上述人们的古史观念所作的理论总结的产物。

刘歆以五行相生之五德终始说所构建的这套古史系统,尽管自汉代以后人们对其整理和解说古史的动机有着不同的看法,甚至对古史系统本身的排列也有

---

[1] 《汉书》卷八十五,《谷永传》,中华书局1962年版。

微辞，但是，由他在前人古史观念的基础上创立的这套古史系统，却被后世史家尤其是正统史家们所长期尊奉，这却是一个不争的事实。从这个角度而言，刘歆创立的新五德终始说及其古史系统对于中国史学的影响是很深远的。

三、新五德终始说蕴含的历史思想

刘歆的新五德终始说不但按照五行相生之序构建了一个庞大的古史系统，而且这一古史系统还蕴含了丰富的历史思想。

首先，开创了以"五德"言正闰之先河。在刘歆以五行相生之五德终始说所排列的古史系统中，我们却没有看到我国封建社会第一个大一统皇朝秦皇朝。当然，刘歆不可能无视秦皇朝的存在，他之所以未将秦皇朝排列于历史王朝统系之内，是因为在他看来，秦皇朝是以水德介于周的木德、汉的火德之间，故而未得五行相生之序，只能属于闰朝。《汉书·律历志下》引《世经》曰：

《祭典》曰:"共工氏伯九域。"言虽有水德,在火木之间,非其序也。任知刑以强,故伯而不王。秦以水德,在周、汉木火之间。

《春秋外传》曰,颛顼之所建,帝喾受之。清阳玄嚣之孙也。水生木,故为木德。天下号曰高辛氏。帝挚继之,不知世数。

在这两段话中,刘歆一方面认为在历史王朝的统序排列中,只有古代的共工氏、帝挚和近代的秦皇朝未被添入其中,故而他们属于闰统;另一方面,他对共工氏、帝挚和秦皇朝之所以未被添入于历史王朝统序之内而成为闰统的原因作了解释。在刘歆看来,处于太昊伏羲氏之后和炎帝神农氏之前的共工氏虽然得了水德,但这种水德却无法排序于得木德的太昊伏羲氏和得火德的炎帝神农氏之间,因此,他虽然"伯九域",却只能被排除于古史统序之外。同样的道理,帝挚介于得木德的帝喾与得火德的帝尧之间,却"不知世数"而得了水德,故而被排除于古史统序之外。秦处于周、汉之间而得水德,也无法排列于周之木德和汉之火德之间,而因失其序被排除于王朝统序之外。

第五章　刘歆的新五德终始历史学说

实际上，视秦朝为闰统并不是刘歆的发明，早在董仲舒的"三统"学说中，就已经蕴含有一种"摒秦"论。董仲舒的"三统"说是以汉朝上继周朝赤统而为黑统的，这样，处于周、汉之间的秦皇朝就自然被排除于黑、白、赤三统循环之外了。但是，董仲舒的"摒秦"论却并不彻底，当他在论及"有道伐无道"时，却又将秦朝排入于自夏至汉的王朝统绪之内了。[1] 之所以出现这种矛盾现象，根因就在于董仲舒倡导"三统"说的同时，却并没有放弃五德相胜说。出于改制的需要，他要倡导"三统"说；而出于解说汉伐秦而建朝的需要，他要沿袭传统的五德相胜说。故而他的"摒秦"论是一种不彻底的"摒秦"论。正如雷家骥先生所说，"董仲舒一系的汉统继周及摒秦说法，既以三统说为理论基础，而无以推翻当时尚盛行的邹衍五行相克说，故形成其不完全的摒秦论调，并由此别成司马迁一系的正统二分说"[2]。相比较于董仲舒而言，刘歆解说历

---

[1] 参见董仲舒《春秋繁露》卷第七，《尧舜不擅移汤武不专杀》，苏舆义证本，中华书局1992年版。

[2] 雷家骥：《两汉至唐初的历史观念与意识》，书目文献出版社1987年版，第94页。

史采用的则是五德相生说,这就从五德运次上彻底将秦皇朝排除于历史王朝统序之外了。从这个角度而言,刘歆的"摒秦"论才是一种彻底的"摒秦"论。刘歆为了不使历史王朝仅有秦朝为闰统,故而又将共工氏和帝挚归并到闰统之列。这样做的目的,显然是觉得仅以秦朝为闰统,会让人感到他所编定的这个古史系统过于偶然而不可信。实际上共工氏和帝挚是刘歆为说明秦皇朝得闰统而找来的两个陪衬。顾颉刚先生也认为,刘歆是"觉得木火之间但有一个秦,没有复现的形式,便不成其为走马灯式的历史,所以说:伏羲木和神农火之间有共工氏;帝喾木和帝尧火之间有帝挚;周木和汉火之间有秦:见得五德之运运转到这个地方时便非有一个闰统不可"[1]。因此说,刘歆是我国史学史上以五德言正闰的开山鼻祖。

需要加以说明的是,刘歆以秦为闰统的依据是周为木德而汉以火德继之,那么,周、汉得木德和火德的依据究竟何在?实际上,刘歆构建这套以五德相生排序的古史系统,其逻辑起点乃是王莽代汉。王莽代

---

[1] 顾颉刚:《汉代学术史略》,东方出版社1996年版,第92页。

第五章 刘歆的新五德终始历史学说

汉后,在其下达的诏书中,就明确认为自己是黄帝和虞舜的后代,而刘汉则是"尧之后也"。[1] 我们知道,自邹衍创立五德终始说起,黄帝一直被公认为是得土德而建朝的古帝王,这种已被公认的事实是无法动摇的。因此,黄帝为土德是刘歆这套古史系统的一个重要理论支点。关于虞舜的德属,邹衍的五德终始说未提及。不过,前汉时期问世的《淮南鸿烈》一书则提及虞舜得的是土德。由此来看,王莽的祖先黄帝和虞舜得的都是土德,王莽作为他们的后代,自然也是得的土德。王莽的政权是受汉禅位而来的,既然王莽得的是土德,那么,依据相生之理,刘汉就自然是火德。而刘汉为火德,汉为尧后,唐尧也就应该是火德。关于刘汉为尧之后的说法,最早见于为刘歆所整理的《左传》一书。如《左传》昭公二十九年就说:"有陶唐氏既衰,后有刘累,学扰龙于豢龙氏,以事孔甲,能饮食之。"这里所提到的刘累,即是刘邦的先祖。昭帝时,眭孟上书说:"汉家尧后,有传国之运。"[2] 他显然也是以汉家为尧后的。经过这样一番论证后,刘汉禅位于

---

[1] 《汉书》卷九十九中,《王莽传》,中华书局 1962 年版。
[2] 《汉书》卷七十五,《眭弘传》,中华书局 1962 年版。

王氏，也就与他们的先祖唐尧禅位于虞舜衔接上了。其实，关于刘汉为火德而王莽为土德之说，并非王莽、刘歆等少数人的看法，而是汉末的一种普遍看法。如前已提及甘忠可作"赤精子之谶"，即是以汉为火德的；而谷永"彗星为土精所生"说，则认为代汉者是土德。

从上可知，刘歆依据五行相生之理，在确定黄帝、虞舜为土德的前提下推衍出王莽的土德，进而由虞舜、王莽的土德又推出唐尧、刘汉的火德。现在的问题是，刘汉的土德制度是早已在汉武帝时就依据五行相胜说确定了的，刘歆改变刘汉德属究竟有何依据？前已述及，刘歆构建这套以五德相生排序的古史系统，其逻辑起点乃是王莽代汉。既然王莽代汉的事实无法改变，就只有通过修改历史理论以服务于现实政治。由于黄帝和虞舜为土德，这就决定了作为黄帝和虞舜之后的王莽只能是土德。同样的道理，王莽为土德，也就决定了禅位于他的刘汉就只能是火德。因此，剩下的问题就是刘歆如何去为刘汉得火德寻找符应，而不是去争论汉朝是土德还是火德的问题。那么，刘歆为刘汉火德所找的符应究竟是什么呢？这便是《史记》之《高祖本纪》和《封禅书》都有记载的所谓"斩蛇著符，旗帜为赤"。实际上在刘邦起兵过程中，最初就是奉行火德的。《史记》记载赤帝子杀白帝子，即是刘邦自视为火德，而以秦为金德的证据。[1]《封禅书》还明确记载了刘邦称汉王后，便"以十月为年首，而色上赤"。只是他当时也许还不知道秦已为水德，否则，就可能没有赤帝子斩白帝子的故事了。不过，刘邦以火为德的时间很短。据《封禅书》载，刘邦称王第二年，便以水德自居了。西汉建国后，关于刘汉的德属，又相继有张苍的水德说和公孙臣、司马迁等人的土德说，直到汉武帝时，才最终确定了汉家土德制度。有的学者认为，汉家既然早已"斩蛇著符"，为何不在汉初即定下汉家火德制度，却要等到刘歆之时才重新以此符应确定汉的火德制度？并由此推定《史记》的"斩蛇著符，旗帜为赤"是刘歆造伪的产物。这种说法证据并不充分。道理很简单，西汉中期以前的人们是普遍相信邹衍的五德终始说的，既然秦为水德，代之而起的王朝就只能是土德，这便是汉家最终确定土德制度的原因，这是其一。刘汉为水德说，则是考虑到秦的短

---

[1] 刘邦以秦为金德，汉为火德，是依据五行方位而定的，因为秦在西方，西方属金，尚白，而刘汉起于南方，南方属火，尚赤。

祚之故，而以汉上接周朝，周是火德，故而汉为水德，这是其二。至于汉为火德说，是由于刘邦起于细微，最初他并不清楚王朝德属情况，也正因此，他很快就改火德为水德了，这是其三。总之，刘歆以前的汉家德属说，由于是建立在五德相胜说基础上的，故而它只能有水德和土德两种制度（或接周、或接秦），而不可能有第三种德属制度出现。也正因此，在刘邦起兵时曾一度采用过的"斩蛇著符"，也就被长期搁置起来了。只是由于汉末刘歆创立五德相生说重新定立汉为火德，从而使久已搁置起来的"斩蛇著符"又重新派上了用场。

确定了刘汉的火德制度，那为何不能根据五行相生的原理以下推上来确定秦的木德制度呢？答案当然是否定的。我们认为，刘歆的新五德终始说是一种上下相推的五德终始说，如果仅从王莽、刘汉往上推，当然可以定秦为木德。但是，如果从唐尧、虞舜往下推，就无法推出秦为木德，而只能推出周为木德来。而木生火，这样以来，秦皇朝便没有了立足之地。于是乎，刘歆借用了传统的五德终始说定秦为水德的说法，而认为得水德的秦皇朝介于按相生说推出的周之木德和

第五章　刘歆的新五德终始历史学说

汉之火德之间为不得其序，故而认定秦为闰朝。

刘歆构建的这套古史系统还有一个重要的理论支点，那就是帝王自木德始。前已述及，刘歆依据《易传》"帝出乎《震》"一语，而认定《震》是东方之卦，东方于五行属木，故帝王德属自木始。刘歆根据当时人的古史观念，而以伏羲为最古的帝王，于是伏羲也就是木德了。确定了伏羲为木德，便可依据五行相生之序上从伏羲木德往下推，下从黄帝土德往上推。而当刘歆排定整个历史王朝统绪的过程中，在确定了秦的闰统后，又将共工和帝挚也归为闰统之列。

综上所述，刘歆殚精竭虑构建起来的这套古史系统，从表现出来的历史观而言，它主要是为了宣扬一种正统主义。刘歆以五行相生秩序排列历史王朝统绪，从而第一次以五德终始言历史王朝的正闰，而将秦皇朝排除于历史王朝的统绪之外。这就全面揭橥了中国史学史上的正闰之辨，对班固及其之后中国正统史学的形成产生了重要而深远的影响。

其次，宣扬了"圣王同祖"的思想。在经学史上，一般来说今文经学家是主张"圣王无父""圣王感生"说的，而古文经学家则主张"圣王有父""圣王同祖"

说。今文经学家的"圣王无父""圣王感生"说源于《诗经》，《诗经·商颂·玄鸟》说："天命玄鸟，降而生商，宅殷土芒芒。"西汉经学大师董仲舒出于维护和加强王权统治的需要，对此说作了系统阐释和发挥，遂使其成为今文学家的一种天命王权学说。史学家司马迁接受了以董仲舒为代表的今文学家的"圣王无父""圣王感生"说，并在《殷本纪》《周本纪》《秦本纪》和《高祖本纪》的开篇中对此说作了宣扬。然而，司马迁却不是一位彻底的"圣王无父""圣王感生"论者，《三代世表》指出商、周始祖契和后稷皆有父，而《五帝本纪》则认为"自黄帝至舜、禹，皆同姓而异其国号"。司马迁这种"圣王有父""圣王同祖"的思想，则直接开启了古文家刘歆的"圣王有父""圣王同祖"说。

刘歆的"圣王有父""圣王同祖"论，是通过其新五德终始说而得以阐发的。上已述及，刘歆以五德相生说排定了一个古史系统。在这个古史系统中，刘歆认为，"炮牺继天而王，为百王先"。炎、黄诸帝则是继之而起的帝王，"稽之于《易》，炮牺、神农、黄帝相继之世可知"[1]。这就是说，在古帝王系统中，只有伏羲氏是"继天而王"的，因而他是百王之先、百王之祖；而炎、黄诸帝继之而王，故而他们的帝王统系皆出自于伏羲氏。如果说上述说法主要只是体现了从伏羲到炎、黄的一种政权相承关系，至于他们之间是否为一种同宗同族的关系还含糊其辞的话，那么，自黄帝以后的帝王统系，则明显地存在着一种同宗同族的关系。如刘歆认为，少昊乃"黄帝之子清阳也"；颛顼乃"苍林昌意之子也"，而昌意为黄帝之子，故而颛顼亦即为黄帝之孙；帝喾乃少昊帝"清阳玄嚣之孙也"，亦即为黄帝之曾孙；唐尧，刘歆引《帝系》说："帝喾四妃，陈丰生帝尧，封于唐"，则尧乃帝喾之子；虞舜，刘歆引《帝系》说："颛顼生穷蝉，五世而生瞽叟，瞽叟生帝舜"，则虞舜乃颛顼之后；伯禹，刘歆引《帝系》说："颛顼五世而生鲧，鲧生禹"，则禹乃颛顼六世孙。[2]至于成汤始祖契之母简狄为帝喾之妃，周族始祖后稷之母姜嫄为帝喾元妃，则为当时人所皆知，故《世经》未予叙述。由上可知，在刘歆看来，自黄帝以来的古

---

[1]《汉书》卷二十一下，《律历志》，中华书局 1962 年版。
[2]《汉书》卷二十一下，《律历志》，中华书局 1962 年版。

圣王，他们都是属于同一宗族的，换言之，即都是黄帝的后代。

如果我们将刘歆《世经》与司马迁《史记》所记载的古帝王世系作一比较的话，便不难发现，二者之间虽有些许不同，却也有很多相同之处。他们的不同点主要有二：其一，司马迁持五行相胜说，以得土德的黄帝作为五帝之首，亦即是百王之先。《五帝本纪》虽然也说"代神农氏，是为黄帝"，但是，该本纪并未将神农氏作为五帝之首。而刘歆持五德相生之说，明确以得木德的伏羲氏为百王之先。其二，司马迁的"圣王同祖"说并不纯粹，一方面《五帝本纪》说"自黄帝至舜、禹，皆同姓而异其国号"，一方面《史记》又大力宣扬"圣王无父""圣王感生"说。相比较而言，刘歆宣扬的则是一种纯粹的"圣王同祖"说。但是，从"圣王同祖"说的具体内涵而言，刘歆的说法几乎与司马迁是完全一致的。我们知道，司马迁的圣王同祖是同祖于黄帝，认为自黄帝以来至商、周的古帝王都是出自黄帝一族。刘歆在《世经》中完全采纳了司马迁的这一说法，不但承认黄帝之后的古帝王皆出自黄帝一族，而且在具体的世系排列上也与司马迁完全相

第五章 刘歆的新五德终始历史学说

同。至于黄帝之前的世系，司马迁不载于《史记》，《五帝本纪》只是提到黄帝之前有神农，与黄帝同时则有炎帝，却并未将他们纳入古帝王行列。而刘歆的《世经》则明确肯定黄帝之前还有炎帝神农氏和太昊伏羲氏，只是对于他们之间的族源关系说法含糊其辞。不过，如果我们对《世经》认真加以考察的话，还是能够觉出他们之间为一种同宗同族关系的。其一，《世经》明确认为古帝王皆出自伏羲氏，伏羲"为百王先"。既然在整个帝王世系中自黄帝以后的帝王皆出自黄帝一族，那么我们完全有理由相信自伏羲以来的整个古帝王也都出自于伏羲一族，也只有这样，才使理论有了一贯性。其二，《世经》明确肯定少昊帝为黄帝之子清阳，而当《世经》叙及黄帝与炎帝、炎帝与共工和共工与太昊之间的关系时，是将他们之间的关系和少昊与黄帝之间的关系并称的。《世经》在引述了《左传》昭公十七年郯子答昭子问"少昊氏鸟名何故"后发挥说："言郯子据少昊受黄帝，黄帝受炎帝，炎帝受共工，共工受太昊，故先言黄帝，上及太昊。"[1] 从刘歆对黄

---

[1] 《汉书》卷二十一下，《律历志》，中华书局1962年版。

帝之前古帝王的排序来看，似乎是承认他们之间为一种父子关系的。如果我们认定刘歆的圣王同祖是最终同祖于伏羲的话，其"圣王同祖"说显然已经在司马迁的"圣王同祖"思想的基础上又有了进一步的发展。

以董仲舒为代表的今文学家的"圣王无父""圣王感生"说体现的是一种天命史观，宣扬的是一种君权神授论，同样，以刘歆为代表的古文学家所主张的"圣王有父""圣王同祖"说也是一种天命史观。首先，刘歆认为古帝王同祖于太昊伏羲氏，他们的王权由伏羲氏始而世代相继下来。但是，伏羲氏的王权又来自何处呢？刘歆明确认为："炮牺继天而王，为百王先。"[1]这就是说，作为百王之祖的伏羲，他的王权还是来自于上天的。因此，刘歆的"圣王同祖"论从根本上说仍然还是一种君权神授论。其次，与司马迁一样，刘歆将历史上古帝王说成是皆出自于同一个家族，这不但在理论上是荒唐的，而且在历史观上实际上也是宣扬一种"报德"的天命思想。正如褚少孙所说的："舜、禹、契、后稷皆黄帝子孙也。黄帝策天命而治天下，

---

[1]《汉书》卷二十一下，《律历志》，中华书局1962年版。

德泽深后世，故其子孙皆复立为天子，是天之报有德也。"[1] 在此，褚少孙是依据司马迁的圣王同祖于黄帝发论的，而将其用来说明刘歆的圣王同祖于伏羲说，同样也是适合的。

---

[1] 《史记》卷十三，《三代世表》，中华书局1959年版。

第六章　王充的历史发展观

古今社会孰优孰劣,先秦诸子对此一直是众说纷纭,莫衷一是的。汉儒的古今观,主要是秉承了先秦孔、孟等先师"祖述尧舜""宪章文武"的是古非今论,他们"称五帝、三王致天下太平,汉兴已来,未有太平","称圣泰隆,使圣卓而无迹;称治亦泰盛,使太平绝而无续也"[1]。王充作为东汉前期的思想家,其学术思想虽然推崇孔子、董仲舒等先儒,却又能博通百家而不守一经。在古今观上,则公然批判汉代儒者的是古非今之论,而旗帜鲜明地提出了"汉盛于周"的历史发展思想。正如李维武所说,"只有到了王充,才把进

---

[1] 黄晖:《论衡校释(附刘盼遂集解)》卷第十九,《宣汉》,中华书局1990年版。

第六章　王充的历史发展观

化史观十分鲜明地凸显出来"[1]。以下试对王充的历史发展观作一论述。

一、对是古非今论的批判

叶建华认为，"王充，是中国历史上第一位批判历史学家；《论衡》，是中国历史上第一部批判史学著作"[2]。此语道出了王充史学的批判性特点。王充对于是古非今论的批判，主要表现为以下几个方面：

首论人的体质容貌。是古非今论者认为：

> 上世之人，侗长佼好，坚强老寿，百岁左右；下世之人，短小陋丑，夭折早死。何则？上世和气纯渥，婚姻以时，人民禀善气而生，生又不伤，骨节坚定，故长大老寿，状貌美好。下世反此，故短小夭折，形面丑恶。[3]

---

[1] 李维武：《王充与中国文化》，贵州人民出版社2000年版，第138页。
[2] 叶建华：《王充与中国批判史学》，《浙江学刊》1993年第5期。
[3] 黄晖：《论衡校释（附刘盼遂集解）》卷第十八，《齐世》，中华书局1990年版。

在这段话中，是古非今论者认为上世之人体格强壮、寿命长、容貌佼美，而下世之人则与之相反，他们身体短小、夭折早死、容貌丑陋，而究其原因，主要在于"上世和气纯渥，婚姻以时"。对于是古非今论者的这一说法，王充明确表示："此言妄也。"针对是古非今论者所谓"上世和气纯渥"之说，王充也从"元气"的角度予以驳斥，他说：

> 上世之天，下世之天也，天不变易，气不更改。上世之民，下世之民也，俱禀元气。元气纯和，古今不异，则禀以为形体者，何故不同？[1]

在此，王充通过逻辑推理的方式对"上世和气纯渥"论进行了驳斥。在王充看来，既然古今同天，则"天不变易，气不更改"；古今同气，则古今之人"俱禀元气"；古今之人禀气相同，又怎么可能会今人体质容貌不如古人呢？王充还进一步从古今禀气相同出发，

---

[1] 黄晖：《论衡校释（附刘盼遂集解）》卷第十八，《齐世》，中华书局1990年版。

第六章　王充的历史发展观

对古今之人体质容貌之相同作了论证。他说:"夫禀气等,则怀性均;怀性均,则形体同;形体同,则丑好齐;丑好齐,则夭寿适。"[1] 王充不但以逻辑推理的方式对古今之人体质容貌相同作了论证,而且还针对是古非今论者理论的逻辑矛盾,以其之矛攻其之盾。如是古非今论者一方面肯定上古之人体质容貌兼优,一方面又说:"上世使民以宜,伛者抱关,侏儒俳优。"这句话本意是为了颂扬上古政治"使民以宜",让驼背的人去守门,让侏儒去唱戏,却不经意间道出了上古也有伛者和侏儒存在。于是王充据此反驳说:"如皆侗长佼好,安得伛、侏之人乎?"[2] 王充借人之矛攻人之盾式的反驳,无疑是有说服力的。

次论社会治理。是古非今论者认为,上世质朴,所以人民容易教化;而下世文薄,故而人民难以治理。又认为上世之所以结绳而治,是因为人民易化的缘故;而后世之所以易之以书契,是因为后世之人难治的缘

---

[1] 黄晖:《论衡校释(附刘盼遂集解)》卷第十八,《齐世》,中华书局1990年版。

[2] 黄晖:《论衡校释(附刘盼遂集解)》卷第十八,《齐世》,中华书局1990年版。

故。他们结合上自伏羲氏以前的上古以来的历史,对这一观点作了系统说明。他们认为,伏羲以前的上古社会之所以最容易治理,是因为这个时期"人民至质朴,卧者居居,坐者于于,群居聚处,知其母不识其父"。到伏羲氏时,情况开始发生变化。由于"人民颇文",便出现了智者诈愚、勇者恐怯、强者凌弱、众者暴寡等等现象。于是伏羲氏不得不"作八卦以治之"。周朝时,由于"人民文薄",靠八卦去治理人民已远远不够了,于是文王不得不将八卦"衍为六十四首,极其变,使民不倦"。孔子之时,已是"人民久薄",孔子知道文薄难治,于是作《春秋》,"采毫毛之善,贬纤介之恶"[1]。对于上述是古非今论者的论调,王充从以下三个方面作了驳斥:其一,王充从"元气"论出发,认为古今之人所禀之气相同,因此,不可能只是上世质朴,而下世文薄。他说:"共禀一气而生,上世何以质朴?下世何以文薄?"王充承认随着时代的变化,"器业"也会随之而变易。但是,古今社会"器业变易",而古今之人"性行不易"。其二,王充认为,质与文作为两

---

[1] 黄晖:《论衡校释(附刘盼遂集解)》卷第十八,《齐世》,中华书局1990年版。

种政治治理方法，在历史发展过程中是循环出现的，古代有质有文，今世也有质有文，质朴与文薄并不是划分古今优劣的标准。所以王充说："文质之法，古今所共。一质一文，一盛一衰，古而有之，非独今也。"王充此处的质文循环说，显然是受到了董仲舒以来的儒家质文观的影响。其三，针对是古非今论者视下世"文薄"为文明退化说，王充明确认为，下世"文薄"不但不是文明退化的表现，而且恰恰说明人类历史是在不断发展的。他说："上世之民，饮血茹毛，无五谷之食，后世穿地为井，耕土种谷，饮井食粟，有水火之调；又见上古岩居穴处，衣禽兽之皮，后世易以宫室，有布帛之饰，则谓上世质朴，下世文薄矣。"[1]

又论节义道德。是古非今论者认为，上世之人讲究节义道德，而今世之人弃义趋利，故而今世不如上世。他们说：

> 上世之人，重义轻身，遭忠义之事，得己所当赴死之分明也，则必赴汤趋锋，死不顾恨。故

---

[1] 以上均见黄晖：《论衡校释（附刘盼遂集解）》卷第十八，《齐世》，中华书局1990年版。

弘演之节，陈不占之义，行事比类，书籍所载，亡命捐身，众多非一。今世趋利苟生，弃义妄得，不相勉以义，不相激以行，义废身不以为累，行隳事不以相畏。[1]

对于是故非今论者的上述论调，王充明确斥之为妄言。他说：

夫上世之士，今世之士也，俱含仁义之性，则其遭事，并有奋身之节。古有无义之人，今有建节之士，善恶杂厕，何世无有？[2]

这段话其义有二：一是认为古今之士皆含仁义之性，故而古今之士皆有奋身之节；二是认为每一个时代都有建节之士和无义之徒，故而古有无义之徒，今有建节之士。王充还以倪子明、许君叔等人的事迹为

---

[1] 黄晖：《论衡校释（附刘盼遂集解）》卷第十八，《齐世》，中华书局1990年版。

[2] 黄晖：《论衡校释（附刘盼遂集解）》卷第十八，《齐世》，中华书局1990年版。

例，肯定汉人的节义丝毫不逊色于古人。西汉末年，时逢饥荒，人相为食。琅邪饥民们要吃倪子明之兄，倪子明为保护其兄，而"自缚叩头，代兄为食。"倪子明的义举感动了那些饥民，于是将他们二人都释放了。东汉初年临淮人许君叔，抚养其兄孤儿，适逢灾荒，许君叔为活其兄之子，而让自己的儿子遭受饥饿。王充认为，倪、许之节义并不逊色于弘演、陈不占，而他们的节义之举之所以得不到彰显，原因就在于"世俗之性，贱所见，贵所闻也"，故而未对他们的事迹"载于篇籍，表以为行事"。[1]

后论帝王治绩。是古非今论者认为，历史上帝王们的治绩是汤、武不如尧、舜，而秦、汉不如汤、武，因而是后代不如前代。他们说：

> 上世之时，圣人德优，而功治有奇，故孔子曰："大哉，尧之为君也！唯天为大，唯尧则之。荡荡乎民无能名焉！巍巍乎其有成功也！焕乎其有文章也！"舜承尧，不堕洪业；禹袭舜，不亏大功。

---

[1] 以上均见黄晖：《论衡校释（附刘盼遂集解）》卷第十八，《齐世》，中华书局1990年版。

其后至汤,举兵伐桀,武王把钺讨纣,无巍巍荡荡之文,而有动兵讨伐之言。盖其德劣而兵试,武用而化薄。化薄,不能相逮之明验也。及至秦、汉,兵革云扰,战力角势,秦以得天下。既得天下,无嘉瑞之美,若"叶和万国""凤皇来仪"之类,非德劣不及,功被若之徵乎?[1]

针对是古非今论者的上述论调,王充逐一加以驳斥:其一,是古非今论者认为上世之所以"功至有奇",是因为上世"圣人德优"。对此,王充驳斥道:"和气不独在古先,则圣人何故独优?"同时,王充认为经书所言古圣王所谓的奇功其实是含有美化的成分的,"夫经有褒增之文,世有空加之言,读经览书者所共见也。"并根据孔子"纣之不善,不若是之甚也"的话,而推定尧、舜之德也同样是"不若是其盛也"[2]。其二,是古非今论者认为尧、舜优于汤、武,是因为尧、舜

---

[1] 黄晖:《论衡校释(附刘盼遂集解)》卷第十八,《齐世》,中华书局1990年版。

[2] 黄晖:《论衡校释(附刘盼遂集解)》卷第十八,《齐世》,中华书局1990年版。

第六章 王充的历史发展观

有"巍巍荡荡之文",而汤、武只是"动兵讨伐"。对此,王充从历史发展之"势"来加以解释。他说:

> 尧、舜之禅,汤、武之诛,皆有天命,非优劣所能为,人事所能成也。使汤、武在唐、虞,亦禅而不伐;尧、舜在殷、周,亦诛而不让。[1]

这里所言"天命",其实就是指历史之"势"。在王充看来,尧、舜的禅让和汤、武的征伐,都是历史发展的一种必然之势。针对是古非今论者关于秦、汉"兵革云扰,战力角势",又不及汤、武之征伐的论调,王充说:"亡秦与汉,皆在后世,亡秦恶甚于桀、纣,则亦知大汉之德不劣于唐、虞也。"在此,王充从除恶诛暴的角度,肯定了汉朝帝王的功德不但胜于汤、武征伐之功,而且与有"巍巍荡荡之文"的唐尧、虞舜也毫不逊色。[2] 其三,针对是古非今论者后世"无嘉瑞

---

[1] 黄晖:《论衡校释(附刘盼遂集解)》卷第十八,《齐世》,中华书局1990年版。

[2] 黄晖:《论衡校释(附刘盼遂集解)》卷第十八,《齐世》,中华书局1990年版。

之美"的论调,王充驳斥道:

> 有虞之"凤皇",宣帝贴已五致之矣。孝明帝符瑞并至。夫德优故有瑞,瑞钧则功不相下。宣帝、孝明如劣,不及尧、舜,何以能致尧、舜之瑞?光武皇帝龙兴凤举,取天下若拾遗,何以不及殷汤、周武?[1]

在此,王充不但认为汉朝有"嘉瑞之美",而且认为汉朝之瑞还要盛于五帝、三皇时期。

综上所述,王充围绕着人的体貌、社会治理、节义道德和帝王治绩四个方面的内容,对是古非今论者们的论调进行了系统而有力的批驳,而正是通过这种批驳,使其历史发展思想得到了具体阐述。

二、肯定"汉盛于周"的历史发展论

儒家先师孔子特别推崇西周圣王政治,认为这是

---

[1] 黄晖:《论衡校释(附刘盼遂集解)》卷第十八,《齐世》,中华书局1990年版。

第六章 王充的历史发展观

一个集夏、商政治之大成的盛世时代,故而公开宣称:"周鉴于二代,郁郁乎文哉!吾从周。"[1] 在汉儒的今古论中,崇周可以说是一种普遍的情结,也正因此,汉代的古今之论往往是以周、汉之论为其内涵的。而王充的"汉盛于周"的历史发展观,在很大程度上正是借助于对周、汉历史的比较论述而得以阐发的。

首先是确立社会太平与否的评判标准。王充指出,汉儒之所以认为五帝、三王时期是太平盛世,而汉代没有出现太平盛世,他们主要是以圣人和符瑞作为历史评判标准的。王充说:

> 彼谓五帝、三王致太平,汉未有太平者,见五帝、三王圣人也,圣人之德,能致太平;谓汉不太平者,汉无圣帝也,贤者之化,不能太平。又见孔子言:"凤鸟不至,河不出图,吾已矣夫!"方今无凤鸟、河图,瑞颇未至悉具,故谓未太平。[2]

---

[1]《论语·八佾》,诸子集成本,中华书局1954年版。
[2] 黄晖:《论衡校释(附刘盼遂集解)》卷第十九,《宣汉》,中华书局1990年版。

对于上述汉儒以是否有圣人和符瑞的出现作为社会历史太平与否的评判标准的说法，王充明确表示"此言妄也"。其一，王充认为，衡量社会太平与否的主要标准应该是政治稳定和百姓安乐。他说："夫太平以治定为效，百姓以安乐为符。""百姓安者，太平之验也。"很显然，王充所立定的社会太平与否的评判标准，体现的是一种以民为本的思想。针对儒者的符瑞为太平之应之说，王充强调"王道立事以实，不必具验"。因此，符瑞的出现与否，并不是社会太平与否的主要标志。所以他说："圣主治世，期于平安，不须符瑞。"正是从这种符瑞观出发，王充对汉代是否为盛世作如是说："视今天下，安乎？危乎？安则平矣，瑞虽未具，无害于平。"[1] 其二，王充认为圣人和符瑞并非古代所独有，汉代也有圣人和符瑞，因此不可据此否认汉朝为盛世。王充并不否认汉儒太平盛世有符瑞出现之说，《恢国》篇就列举了大量事例证明汉朝瑞应多于周朝，并且还据此得出汉盛于周的结论。只是他认为瑞应应该是"众多非一"的，它们"或以凤鸟、麒麟，或以河

---

[1] 黄晖:《论衡校释（附刘盼遂集解）》卷第十九,《宣汉》,中华书局1990年版。

第六章　王充的历史发展观

图、洛书，或以甘露、醴泉，或以阴阳和调，或以百姓乂安"[1]。在此，王充明确认为"百姓乂安"也是天下太平的瑞应之一种。既然天下太平的瑞应不一，就不能因为今王之世没有出现古王之世的瑞应，从而否认今王之世为太平之世。也就是说，五帝、三王盛世的符瑞可以是河图、洛书，而汉代盛世的符瑞也可以是"百姓乂安"。再从圣人致太平而言，王充也不否认世儒圣人能致太平说，问题是圣人是否只有古代才有而今世就没有呢？王充的答案当然是否定的。他说：

> 能致太平者，圣人也，世儒何以谓世未有圣人？天之禀气，岂为前世者渥，后世者泊哉？周有三圣，文王、武王、周公，并时猥出。汉亦一代也，何以当少于周？周之圣王，何以当多于汉？汉之高祖、光武，周之文、武也。文帝、武帝、宣帝、孝帝、今上（章帝），适周之成、康、宣王。[2]

---

[1] 黄晖：《论衡校释（附刘盼遂集解）》卷第十九，《宣汉》，中华书局1990年版。

[2] 黄晖：《论衡校释（附刘盼遂集解）》卷第十九，《宣汉》，中华书局1990年版。

由上可知，王充不但给太平盛世立定了评判标准，那就是政治稳定，人民安乐，同时，王充还针对世儒以是否有圣人和符瑞出现作为太平盛世的标准，而明确认为圣人和符瑞古今皆有，因此，即使按照世儒们的盛世评判标准，也不能否定汉朝为盛世皇朝。

其次是阐述"汉盛于周"的具体表现。前已述及，孔子认为周朝通过借鉴和损益夏、商两朝政治制度而成为"郁郁乎文哉"之盛世王朝。但是，在王充看来，相比较于周朝而言，汉皇朝更是集先秦政治制度之大成，因而是一个较周朝更为兴盛的皇朝。为了证明汉皇朝是历史上最为兴盛的皇朝，王充从以下若干方面对汉皇朝与周朝乃至整个五帝、三王时期的社会政治进行了比较：

第一，从文明进化而言。王充认为，与古代相比，汉代的文明已经取得了长足的进步。他说：

> 古之戎狄，今为中国；古之裸人，今被朝服；古之露首，今冠章甫；古之跣跗，今履高舄。以盘石为沃田，以桀暴为良民，夷坎坷为平均，化

第六章　王充的历史发展观

不宾为齐民,非太平而何?[1]

上世之民,饮血茹毛,无五谷之食,后世穿地为井,耕土种谷,饮井食粟,有水火之调;又见上古岩居穴处,衣禽兽之皮,后世易以宫室,有布帛之饰……[2]

以上两段话主要体现了三层含义,其一是说汉代在衣、食、住诸方面与古代相比,都有了根本性的改变;其二是说汉代"以盘石为沃田""夷坎坷为平均",在改造自然方面取得了很大成就;其三是说汉代"以桀暴为良民""化不宾为齐民",在道德教化方面也取得了很大的成功。王充正是据此得出结论:"与周家断量功德,实商优劣,周不如汉。"[3]

第二,从疆域拓展而言。王充认为,与周代以前的统治范围相比,汉皇朝的疆域得到了空前的拓展。

---

[1] 黄晖:《论衡校释(附刘盼遂集解)》卷第十九,《宣汉》,中华书局1990年版。

[2] 黄晖:《论衡校释(附刘盼遂集解)》卷第十八,《齐世》,中华书局1990年版。

[3] 黄晖:《论衡校释(附刘盼遂集解)》卷第十九,《宣汉》,中华书局1990年版。

而这种疆域的空前拓展,则无疑是汉皇朝国力强盛的一种体现。王充说:

> 殷、周之地,极五千里,荒服、要服,勤能牧之。汉氏廓土,牧万里之外,要、荒之地,褒衣博带。[1]
>
> 周家越常献白雉,方今匈奴、鄯善、哀牢贡献牛马。周时仅治五千里内,汉氏廓土,收(牧)荒服之外。牛马珍于白雉,近属不若远物。[2]
>
> 周时戎、狄攻王,至汉内属,献其宝地。西王母国在绝极之外,而汉属之。德孰大?壤孰广?方今哀牢、鄯善、诺降附归德。……夏禹保入吴国。太伯采药,断发文身。唐、虞国界,吴为荒服,越在九夷,蹑衣关头,今皆夏服,褒衣履舄。巴、蜀、越嶲、郁林、日南、辽东、乐浪,周时被发椎髻,今戴皮弁;周时重译,今吟《诗》《书》。[3]

---

[1] 黄晖:《论衡校释(附刘盼遂集解)》卷第十三,《别通》,中华书局1990年版。

[2] 黄晖:《论衡校释(附刘盼遂集解)》卷第十九,《宣汉》,中华书局1990年版。

[3] 黄晖:《论衡校释(附刘盼遂集解)》卷第十九,《恢国》,中华书局1990年版。

第六章 王充的历史发展观

以上三段话集中表述的思想，那就是从疆域拓展而言，经过汉人的不断努力，汉代的统治范围已经"牧万里之外"，比起殷、周"极五千里"疆土已是大大拓展了；从文明进化而言，殷、周之时尚属"断发文身"的"要、荒之地"，汉时却已经是穿着"褒衣博带"的华夏之服了。经过这样一比较，汉与周孰优孰劣已是显而易见了。

第三，从文治武功而言。上述汉皇朝开疆拓土已从一个侧面反映出汉皇朝的武功要胜过以往任何时代。为进一步说明汉朝武功胜于周朝，《恢国》篇着重对汉、周立国的难易情况作了详细比较：（一）高祖诛项羽如折铁，而武王伐纣如摧木。王充说：

> 纣为至恶，天下叛之。武王举兵，皆愿就战，八百诸侯，不期俱至。项羽恶微，号而用兵，与高祖俱起，威力轻重，未有所定，则项羽力劲。折铁难于摧木。高祖诛项羽，折铁；武王伐纣，摧木。

(二)汉朝"兼胜二家,力倍汤、武"。王充认为汉高祖取天下是兼胜暴秦和项羽二家而成,因此,比起汤、武革命自然用力要多。他说:

> 然则汉力胜周多矣。凡克敌,一则易,二则难。汤、武伐桀、纣,一敌也;高祖诛秦杀项,兼胜二家,力倍汤、武。

(三)从道义上说,汉伐暴秦要顺于武王伐纣。王充说:

> 武王为殷西伯,臣事于纣。以臣伐周(君),夷、齐耻之,扣马而谏,武王不听,不食周粟,饿死首阳。高祖不为秦臣,光武不仕王莽,诛恶伐无道,无伯夷之讥,可谓顺于周矣。

(四)高祖、光武"无尺土所因",故而立国难于古圣王。王充说:

> 起于微贱,无所因阶者难;袭爵乘位,尊祖

统业者易。尧以唐侯入嗣帝位,舜以司徒因尧授禅,禹以司空缘功代舜,汤由七十里,文王百里,为西伯,武王袭文王位。三郊五代之起,皆有因缘,力易为也。高祖从亭长提三尺剑取天下,光武由白水奋威武(帝)海内,无尺土所因,一位所乘,直奉天命,推自然。此则起高于渊泞,为深于丘山也。

从以上汉、周立国难易对比足可看出,汉朝的武功要胜于周朝。

"周不如汉"不仅表现在武功上,同时也表现在文治上。王充认为,周朝集先代之大成,故有"郁郁之文";而汉朝继周、秦之后而兴,文风自然会更盛。所以他说:"周有郁郁之文者,在百世之末也。汉在百世之后,文论辞说,安得不茂!"[1]在王充看来,有汉一代是一个学者辈出的时代,而董仲舒、司马迁、扬雄、刘向、刘歆、桓谭、班彪等人,则无疑是其中的佼佼者。王充说:

---

[1] 黄晖:《论衡校释(附刘盼遂集解)》卷第十三,《超奇》,中华书局1990年版。

> 汉作书者多，司马子长、扬子云，河汉也；其余，泾渭也。然而子长少臆中之说，子云无世俗之论。仲舒说道术奇矣，比方二家（原文作"北方三家"，此据黄晖校释改作"比方二家"）尚矣。[1]

王充尤其推崇董仲舒。他认为"董仲舒著书，不称子者，意殆自谓过诸子也"。董仲舒是否自认为超过诸子我们不得而知，但在王充的眼里，他确实没有将董仲舒与诸子们等量齐观，而是将他直与孔子相媲美的。王充说："文王之文在孔子，孔子之文在仲舒。"[2] 又说："孔子生周，始其本；仲舒在汉，终其末。"[3] 很显然，在王充看来，董仲舒就是汉代的孔子，他在学术思想史上的地位就犹如孔子一样重要。西汉末年，与政治衰败形成鲜明对比的是学术的繁荣，一时间如

---

[1] 黄晖：《论衡校释（附刘盼遂集解）》卷第二十九，《案书》，中华书局1990年版。

[2] 黄晖：《论衡校释（附刘盼遂集解）》卷第十三，《超奇》，中华书局1990年版。

[3] 黄晖：《论衡校释（附刘盼遂集解）》卷第二十九，《案书》，中华书局1990年版。

刘向父子、扬雄、桓谭并起于世，王充无不感叹地说，"今世刘子政父子、扬子云、桓君山，其犹文、武、周公并出一时也"[1]。王充曾师事班彪，对于班彪的学术地位给予了充分肯定，认为班彪之于司马迁，就如同董仲舒之于孔子一样。所以他说："孔子生周，始其本；仲舒在汉，终其末。班叔皮续《太史公书》，盖其义也。"[2] 在王充看来，班彪的《史记后传》所取得的学术成就甚至高于司马迁的《史记》，他说："班叔皮续《太史公书》百篇以上，记事详悉，义浃理备，观读之者以为甲，而太史公乙。"[3]

第四，从帝王仁德而言。王充认为，有无爱民之心，这是帝王是否有仁德的一个重要标准。在王充看来，今之圣王不但与古之圣王一样，有着一颗仁爱民众之心，而且与古圣王相比，他们更懂得怎样去仁爱民众。王充认为，在正常情况下，如果国家发生灾荒，

---

[1] 黄晖：《论衡校释（附刘盼遂集解）》卷第十三，《超奇》，中华书局1990年版。

[2] 黄晖：《论衡校释（附刘盼遂集解）》卷第二十九，《案书》，中华书局1990年版。

[3] 黄晖：《论衡校释（附刘盼遂集解）》卷第十三，《超奇》，中华书局1990年版。

就必然会导致饥民暴乱,而饥民暴乱,则会危及到政权的稳定。可是在汉章帝时期,虽然国家发生了大的旱灾,由于汉章帝积极救灾,措施得当,从而使国家虽危而不乱。王充对于汉章帝的这一仁德之举给予了充分肯定,他说:

> 建初孟年(公元76年),无妄气至,岁之疾疫也,比旱不雨,牛死民流,可谓剧矣。皇帝敦德,俊乂在官,第五司空,股肱国维,转谷振赡,民不乏饿,天下慕德,虽危不乱。民饥于谷,饱于道德,身流在道,心回乡内,以故道路无盗贼之迹,深幽迥绝无劫夺之奸。以危为宁,以困为通,五帝三王,孰能堪斯哉?[1]

与五帝三王的救灾方法相比,王充对于汉章帝的表彰并非过誉。我们知道,商汤时期也曾遇到过大旱。可是据历史记载,商汤救灾的办法却是以己五过而祷于桑林,祈求上天能降雨除旱。应该说,商汤的爱民

---

[1] 黄晖:《论衡校释(附刘盼遂集解)》卷第十九,《恢国》,中华书局1990年版。

之心与章帝同，可是商汤的救民之举则不如章帝。正因此，王充认为汉章帝之仁德要盛于五帝三王。王充还将历史上的灾荒分成两种，一是无妄之灾，一是政治之灾。他说："德丰政得，灾犹至者，无妄也。"认为尧、汤所得旱灾即是这种无妄之灾。而"德衰政失，变应来者，政治也"。历史上衰世时期所得之灾即属此类政治之灾。在王充看来，帝王得无妄之灾，应该"内修旧政，外修雩礼，以慰民心"。对照上述章帝和商汤的仁德之举，显然章帝重政，而商汤重礼，两相比较，王充更肯定前者。如果帝王得政治之灾，王充认为应该"外雩而内改，以复其亏"。[1] 很显然，救政治之灾的做法与救无妄之灾的做法不一样，他必须要改易旧政，只有这样，才能以安万民。

第五，从得瑞应而言。前已述及，王充一方面认为"百姓安者，太平之验也"，肯定只有国家安定，百姓安乐，才是判断社会是否为盛世的主要标准；另一方面，王充也并不反对盛世有瑞应说，只是他认为瑞应不但古今皆有，而且"众多非一"。当然，王充关于

---

[1] 以上均见黄晖：《论衡校释（附刘盼遂集解）》卷第十五，《明雩》，中华书局1990年版。

瑞应的产生，其解说与世儒并不一致。在他看来，瑞应并非天志的体现，而是和气所生，"瑞物皆起和气而生"[1]。并认为这种和气与政治治理是紧密相连的，"百姓安而阴阳和，阴阳和则万物育，万物育则奇瑞出"[2]。正是从这一思路出发，《恢国》篇明确将汉朝瑞应盛出作为其盛于周朝的重要依据。为说明汉之瑞应盛于古之瑞应，《恢国》篇从以下两方面作了证明：其一，认为汉朝立国帝王初生始起时较五帝、三王更为怪异。该篇列举了汉高祖和光武帝出生和起事时的一系列不寻常现象，其中关于汉高祖的怪异有：刘母与蛟龙梦遇、刘邦斩白蛇、秦始皇见东南有天子气、楚见汉军云气五色等；关于光武帝的怪异有："光武且生，凤皇集于城，嘉禾滋于屋。皇妣之身，夜半无烛，空（宫）中光明。……光武起，过旧庐，见气憧憧上属于天。"王充认为五帝、三王出生始起时，并没有如此怪异，他说：

---

[1] 黄晖：《论衡校释（附刘盼遂集解）》卷第十六，《讲瑞》，中华书局1990年版。
[2] 黄晖：《论衡校释（附刘盼遂集解）》卷第十九，《宣汉》，中华书局1990年版。

第六章 王充的历史发展观

尧母感于赤龙,及起,不闻奇祐。禹母吞薏苡,将生(王),得玄圭。契母咽燕子。汤起,白狼衔钩。后稷母履大人之迹。文王起,得赤雀。武王得鱼、乌。

通过以上比较,王充得出结论,认为五帝、三王所得瑞应"皆不及汉太平之瑞"。其二,认为古圣王符瑞"一至",而汉朝符瑞"重至"。王充说:

黄帝、尧、舜,凤皇一至。凡诸众瑞,重至者希。汉文帝黄龙、玉棓。武帝黄龙、麒麟、连木。宣帝凤皇五至,麒麟、神雀、甘露、醴泉、黄龙、神光。平帝白雉、黑雉。孝明麒麟、神雀、甘露、醴泉、白雉、黑雉、芝草、连木、嘉禾,与宣帝同,奇有神鼎、黄金之怪。

对于汉朝瑞应的屡屡重至,王充无不感慨地说:

"一代之瑞,累仍不绝,此则汉德丰茂,故瑞佑多也。"[1]

综上所述,王充主要从文明进化、疆域拓展、文治武功、修养仁德和瑞应显现五个方面对汉与周作了系统比较,从而得出了"汉盛于周"的结论。正如《宣汉》篇所说的那样:"夫实德化则周不能过汉,论符瑞则汉盛于周,度土境则周狭于汉,汉何以不如周?"

---

[1] 黄晖:《论衡校释(附刘盼遂集解)》卷第十九,《恢国》,中华书局1990年版。

第七章　何休对公羊"三世"说的理论构建

公羊"三世"说的逻辑起点，是《公羊传》提出的《春秋》"三世"历史划分说；公羊先师董仲舒赋予了《公羊传》"三世"历史划分说以历史发展之义，并对"三世"说与公羊学的"通三统"和"异内外"学说之间的关系，从亲近来远的角度做出了最初的表述；而东汉公羊巨子何休则在公羊先师"三世"学说基础上，构建了一套系统的公羊"三世"历史发展理论。何休"三世"说的理论特征，是明确将历史的发展划分为衰乱、升平和太平三个时期，体现了一种历史不断发展的观点；同时提出了公羊"三科九旨"学说，将"三世"说与"存三统"和"异内外"说视作一个不可分割的统一的有机整体。

何休在公羊先师《春秋》"三世"历史划分说基础上构建起来的"三世"历史发展学说，是公羊学理论体系的重要组成部分。这一学说不但在中国古代思想史和史学史上具有重要的影响，而且还是近代社会与政治变革的重要理论依据之一。以往论者对于公羊"三世"说的基本思想多有阐述，但对于何休对公羊"三世"说的理论构建所做出的突出贡献，何休公羊"三世"说的理论特点、理论意义和思想方法等的阐发，则显得着力不够。本文试对此作出系统论述。

一、公羊"三世"说的理论渊源

公羊"三世"说提出的最初理论依据，可以追溯到孔子的"齐—鲁—道"论。《论语·雍也》说："齐一变，至于鲁；鲁一变，至于道。"对此，理学家朱熹解释说：

> 孔子之时，齐俗急功利，喜夸诈，乃霸政之余习。鲁则重礼教，崇信义，犹有先王之遗风焉，

第七章　何休对公羊"三世"说的理论构建

但人亡政息,不能无废坠尔。道,则先王之道也。[1]

在朱熹看来,孔子视齐政为一种霸政,鲁政有先王之遗风,而王道政治[2]则是人间政治的一种最高理想或极致。因此,孔子的"齐—鲁—道"论,实际上是一种肯定变易和发展的历史阶段(或曰等级)论。清人康有为则以"据乱、升平、太平"之"三世"说来解说孔子的"齐—鲁—道"历史变易论,他说:

> 盖齐俗急功利,有霸政余习,纯为据乱之治。鲁差重礼教,有先王遗风,庶近小康。拨乱世虽变,仅至小康升平;小康升平能变,则可进至太平大同矣。[3]

应该说,上述朱熹的解释是符合孔子本意的,而

---

[1] 朱熹:《四书章句集注》,新编诸子集成本,中华书局1983年版,第90页。
[2] 即先王政治。儒家的"法先王"历史观形式上是复古倒退的,而实际上却是变易发展的。如孔子论述三代政治,便明确表示"周监于二代,郁郁乎文哉!吾从周"。(《论语·八佾》)
[3] 康有为:《论语注》,中华书局1984年版,第82页。

康有为的解释则是一种牵强附会。但他们有一点是共同的，那就是都肯定孔子的"齐—鲁—道"论蕴含了历史变易和发展的思想。同时，孔子关于"齐—鲁—道"的历史变易论，虽然不能直接等同于康有为所说的公羊家的"据乱—升平—太平"之"三世"说，但也不可否认，孔子所提出的这一历史变易模式，对于公羊家"三世"学说的提出，无疑是有着重要的思想启迪作用的。

公羊"三世"说的逻辑起点，是汉景帝时著于竹帛的《公羊传》所提出的《春秋》"三世"历史划分说。《公羊传》在隐公元年、桓公二年和哀公十四年等数处都有关于历史阶段划分的具体表述，即所谓"所见异辞，所闻异辞，所传闻异辞"。《公羊传》明确将春秋242年历史划分为"所见""所闻"和"所传闻"三个阶段。在《公羊传》的作者看来，历史阶段不同，历史撰述的书法也相应地不同，其基本准则则是亲近疏远、详今略古。由此来看，《公羊传》划分历史的目的是出于撰述历史的需要，而不是为了说明历史的变化和发展。然而《公羊传》《春秋》"三世"说的提出，其理论意义是不能低估的。后来公羊家们的"三世"学说，

第七章 何休对公羊"三世"说的理论构建

正是借助于《公羊传》关于"所见""所闻"和"所传闻"之《春秋》"三世"历史划分说这个论题而得以阐述和发挥的,从这个角度来说,《公羊传》的《春秋》"三世"历史划分说确实是公羊家"三世"说的理论出发点。

从严格意义上说,公羊"三世"说的最初提出者当属西汉公羊大师董仲舒。董仲舒称"三世"为"三等"。在《春秋繁露·楚庄王》中,董仲舒在承继了《公羊传》的"所见异辞,所闻异辞,所传闻异辞"之《春秋》"三世"说的同时,对春秋十二公的历史作了进一步具体划分:

> 《春秋》分十二世以为三等,有见,有闻,有传闻。有见三世,有闻四世,有传闻五世。故哀、定、昭,君子之所见也。襄、成、文、宣,君子之所闻也。僖、闵、庄、桓、隐,君子之所传闻也。所见六十一年,所闻八十五年,所传闻九十六年。于所见微其辞,于所闻痛其祸,于传闻杀其恩,与情俱也。

同《公羊传》的观点相一致,董仲舒认为《春秋》

分十二世为三等，旨在贯彻一种亲近疏远的历史撰述书法和历史批评原则。从历史撰述书法而言，朝代愈远，地位愈低；朝代愈近，地位愈高。从历史批评原则而言，朝代愈远，批评愈严；朝代愈近，批评愈委婉。这其实也是《春秋》的一种避讳义法。当然，董仲舒的"三等"说比其《公羊传》的笼统的三世划分法要更为具体。更重要的是，董仲舒的"三等"说是作为其"三统"历史变易说的别传提出来的，如果结合董仲舒的"三统"说来看他的"三等"说的话，我们认为这种"三等"说不但体现了亲疏之义，而且还体现了尊新王大义，因而蕴含了一种历史发展的观点。[1] 同时《春秋繁露·王道》还将"三等"说所蕴含的亲近之义用以解说夷夏关系，认为"亲近以来远，故未有不先近而致远者也。故内其国而外诸夏，内诸夏而外夷狄，言自近者始也。"[2] 从而在肯定通过"亲近以来远"以实现夷夏一统的同时，也明确指出了中国（京师）、诸夏和夷狄

---

[1] 关于董仲舒的"三统"说与其"三等"说之间的关系，参见拙作《"三统"说与董仲舒的历史变易思想》(《齐鲁学刊》2002年第3期)一文。

[2] "内其国而外诸夏，内诸夏而外夷狄"语出《公羊传》，然《公羊传》只是从"王者一统"角度立义。

之间是有着亲疏、远近和内外之别的。

由此可见，董仲舒不但对《春秋》三世作了具体划分，而且还对其"三等"说与公羊学的"通三统"和"异内外"说之间的关系作了最初的表述。我们从后来何休所表述的"三世"说的内容来看，董仲舒的"三等"说不但给了他诸多的理论启发，而且很多表述还成为他构建何氏"三世"说的重要素材。

二、何休"三世"说的思想内涵

何休作为公羊学的集大成者，在全面继承和发展公羊学的同时，尤其对于自《公羊传》、董仲舒最初提出后，后代公羊家们尚未作过系统、深入阐发的公羊"三世"说作了重要发展，别开生面地提出了衰乱、升平和太平的公羊新"三世"历史发展学说，从而赋予了传统公羊"三世"说以崭新的内涵。

何休关于其公羊"三世"说的最为系统而集中的表述，当属对隐公元年《公羊传》文"所见异辞，所闻异辞，所传闻异辞"的解释：

所见者，谓昭、定、哀，己与父时事也；所闻者，谓文、宣、成、襄，王父时事也；所传闻者，谓隐、桓、庄、闵、僖，高祖、曾祖时事也。异辞者，见恩有厚薄，义有深浅，时恩衰义缺，将以理人伦，序人类，因制治乱之法。故于所见之世，恩已与父之臣尤深，大夫卒，有罪无罪皆日录之，"丙申，季孙隐如卒"是也。于所闻之世，王父之臣恩少杀，大夫卒，无罪者日录，有罪者不日，略之"叔孙得臣卒"是也。于所传闻之世，高祖、曾祖之臣恩浅，大夫卒，有罪无罪皆不日，略之也"公子益师、无骇卒"是也。于所传闻之世，见治起于衰乱之中，用心尚粗觕，故内其国而外诸夏；先详内而后治外；录大略小；内小恶书，外小恶不书；大国有大夫，小国略称人；内离会书，外离会不书是也。于所闻之世，见治升平，内诸夏而外夷狄，书外离会，小国有大夫。宣十一年秋"晋侯会狄于欑函"，襄二十三年"邾娄我来奔"是也。至所见之世，著治太平，夷狄进至于爵，天下远近小大若一，用心尤深而详。故崇仁义，讥二名，晋魏曼多，仲孙何忌是也。所以三世者，

第七章 何休对公羊"三世"说的理论构建

礼,为父母三年,为祖父母期,为曾祖父母齐衰三月。立爱自亲始,故《春秋》据哀录隐,上治祖祢,所以二百四十二年者,取法十二公,天数备足,著治法式。又因周道始坏,绝于惠、隐之际。主所以卒大夫者,明君当隐痛之也。君敬臣则臣自重,君爱臣则臣自尽。公子者氏也,益师者名也,诸侯之子称公子,公子之子称公孙。[1]

这段话集中阐发了如下基本思想:其一,"三世"是何休关于春秋十二公242年历史的一种阶段划分,其划分方法则完全沿袭了董仲舒的春秋"三等"说,即以昭、定、哀三公为所见世,文、宣、成、襄四公为所闻世,隐、桓、庄、闵、僖五公为所传闻世。其二,何休完全遵循公羊先师历史撰述书法,根据春秋"三世"历史远近亲疏之不同,而分别采取了不同的书法,其基本原则是亲近疏远、详今略古。其三,将"异内外"说与"三世"说相结合,寓夷夏之辨于"三世"学说之中,这是何休对公羊学先师"三世"说的一

---

[1] 〔汉〕何休:《春秋公羊传解诂·隐公元年》,徐彦注疏本,上海古籍出版社1990年版。

个重大发展（具体论述详后）。最后，推陈出新，提出了"衰乱—升平—太平"的新"三世"说，这是何休"三世"说中最具创意的部分。如果说董仲舒春秋"三等"说的亲近疏远和尊崇新王还只是一种关于历史发展的隐含之义的话，那么，何休则是第一次直截了当地以"衰乱世—升平世—太平世"来对应公羊先师们所划分的春秋"所传闻世—所闻世—所见世"，从而对社会历史发展之走向作了明确表述，肯定了它是一个从低级到高级、从衰乱到太平、从野蛮到文明的过程，换言之，它是一个不断发展和不断进步的过程。

需要指出的是，何休认为春秋"三世"是一个由"衰乱"到"升平"再到"太平"的历史发展和进步的过程，而春秋"三世"的历史变迁实际情况却恰恰与之相反，从"所传闻世"到"所闻世"再到"所见世"，世道不但没有一世比一世兴盛，反而是一世比一世更加衰败。因此，究竟应该如何理解何休的这一新"三世"说的历史发展思想呢？清人皮锡瑞认为是"借事明义"，他说：

> 春秋初年，王迹犹存；及其中叶，已不逮春

第七章 何休对公羊"三世"说的理论构建

秋之初;至于定、哀,骎骎乎流入战国矣。而论春秋三世之大义,《春秋》始于拨乱,即借隐、桓、庄、闵、僖为拨乱世;中于升平,即借文、宣、成、襄为升平世;终于太平,即借昭、定、哀为太平世。世愈乱而《春秋》之文愈治,其义与时事正相反。盖《春秋》本据乱而作,孔子欲明驯致太平之义,故借十二公之行事,为进化之程度,以示后人治拨乱之世应如何,治升平之世应如何,治太平之世应如何,义本假借,与事不相比附。《公羊疏》于《注》,至所见之世者治太平,云当尔之时,实非太平,但《春秋》之义,若治之太平于昭、定、哀也,犹如文、宣、成、襄之世,实非升平,但《春秋》之义,而见治之升平。然《疏》之解此,亦甚明矣。昧者乃引当时之事,讥其不合,不知孔子生于昭、定、哀世,岂不知其为治为乱!公羊家明云世愈乱,而《春秋》之文愈治,亦非不知其为治为乱也。[1]

皮锡瑞认为孔子作《春秋》时就已经明示了"拨

---

[1] 皮锡瑞:《经学通论》,中华书局1954年版,第22—23页。

乱""升平"和"太平"之"三世"义，这显然与事实不相符合。同时，何休之前的早期公羊家们也并没有明确指出《春秋》已经蕴含有"拨乱""升平"和"太平"之"三世"发展观。但是，如果我们将皮锡瑞这段话用来解说何休的"三世"说，则是再恰当不过了。正如皮锡瑞所说的，孔子以及后世公羊家们其实都知道春秋只是一个乱世,何休当然也很清楚,所以他说"《春秋》定、哀之间，文致太平"[1]，而许文、宣、成、襄之时以"升平世"，也只是"足张法而已"[2]。这就明白无误地告诉人们，所谓"升平世"和"太平世"，只是一种虚构和假托，而并非是真实的历史。那么，何休为何要以"衰乱—升平—太平"来解说春秋"三世"，对历史进行虚构呢？答案正如皮锡瑞所说的，那就是要借事明义。何休所借之事，当然是《春秋》所载242年史事。而其所明之义，其一是认为社会历史是一个不断发展和进步的过程，因此，太平之世作为一种社

---

[1] 〔汉〕何休:《春秋公羊传解诂·定公六年》，徐彦注疏本，上海古籍出版社1990年版。
[2] 〔汉〕何休:《春秋公羊传解诂·襄公二十三年》，徐彦注疏本，上海古籍出版社1990年版。

第七章 何休对公羊"三世"说的理论构建

会理想最终一定能得以实现；同时，社会历史的发展和进步又是一个循序渐进的过程，它必然要经历一个从"衰乱世"到"升平世"而最终以达"太平世"的过程。其二是认为太平之世是一个没有种族区分、没有内外之别的天下一统之世，在这一时期，"夷狄进于爵，天下远近小大若一"。由此来看，何休作《春秋公羊传解诂》，其目的并不是去解说《春秋》所载的242年历史，而是借助《春秋》的史事来寄予自己的一种社会理想。因此说，如果以何休的"三世"说来观照春秋"三世"史实，它当然是虚幻的；但如果说何休的"三世"说是对人类历史发展趋势的一种解释，则无疑是正确的。

难能可贵的是，何休本人所处的东汉末年社会，其实正是一个衰乱之世，作为这一特定时代的思想家，何休却并没有对历史的发展失去信心。何氏"三世"说的提出，充分说明了何休对人类历史发展和进步的必然性充满了自信，相信太平盛世最终得以实现是人类历史发展和进化的一种必然，体现了作为思想家的何休具有一种执著而坚定的历史信仰。

三、"张三世"与"通三统""异内外"的关系

何休关于公羊"三世"说的阐发,从思想方法而言,是将其纳入到他所构建的"三科九旨"这一大的学术思想体系当中进行的。在何休看来,"三科九旨"是一个不可分割的有机整体。他曾撰《春秋公羊文谥例》一书,对这一学说进行了具体阐释,可惜此书已经散佚,我们现在只能通过徐彦在《春秋公羊传注疏》"卷首语"中所作的引述了解到这一学说的思想梗概。徐《疏》引曰:

> 问曰:"《春秋说》云:《春秋》设三科九旨,其义如何?"答曰:"何氏之意,以为三科九旨正是一物。若总言之,谓之三科。科者,段也。若析而言之,谓之九旨。旨者,意也。言三个科段之内,有此九种之意。故何氏作《文谥例》云:三科九旨者,新周,故宋,以《春秋》当新王,此一科三旨也。又云所见异辞,所闻异辞,所传闻异辞,二科六旨也。又内其国而外诸夏,内诸夏

第七章　何休对公羊"三世"说的理论构建

而外夷狄,是三科九旨也。"

从上述何休关于"三科九旨"学说的内涵所作的表述可知:何休所谓"新周,故宋,以《春秋》当新王"之"一科三旨",就是董仲舒已经作过系统表述的"三统"说;何休所谓"所见异辞,所闻异辞,所传闻异辞"之"二科六旨",就是《公羊传》和董仲舒所论述的春秋"三世"(或"三等")说;何休所谓"内其国而外诸夏,内诸夏而外夷狄"之"三科九旨",就是公羊先师们的"异内外"之说。也就是说,何休的"三科九旨"说所涉及的这些理论课题,公羊先师们都曾经作过自己的解说。但是,与公羊先师们孤立地去阐述"三统"说、"三世"说和"异内外"说不同(董仲舒虽然对三者的关系作了最初的表述,却并没有系统的"三科九旨"说。他只是认为"三统""三世"和"异内外"之说都体现了一种亲近疏远之义,在他那里,三者间的关系还只是隐含而非显现的),何休则明确认为"三科九旨正是一物",他是将"三科九旨"学说看作一个不可分割的有机整体的。毫无疑问,"三科九旨"作为一个完整的学术思想体系的提出,是何休对公羊先师历史哲学的一个重大发展,他也因此而构建起了自己的一套完整的公羊学历史哲学体系。当然,在"三科九旨"学说这个有机整体当中,居于重要和中心地位的则是"三世"说,正如有的学者所说:"何休几乎把《春秋》的所有书法原则全部都纳入'三世说'的框架之中加以说明。"[1] 因此,理解"三科九旨正是一物",必须要理清何休的"三世"说与其"通三统""异内外"说之间的关系。

先说何休的"三世"说与其"三统"说之间的关系。依据董仲舒的"三统"说,历史变易是按照黑、白、赤三统循环进行的,以此观照以《春秋》为新王的具体历史王朝,则殷为白统,周为赤统,《春秋》为黑统。也就是说,以"《春秋》当新王",这是董仲舒"三统"说一个非常明确的命题。在董仲舒看来,孔子之所以要作《春秋》,是为了制王法、明王义,正如《春秋繁露·奉本》所说的,"今《春秋》缘鲁以言王义"。从这个角度而言,《春秋》本身就代表着一个统。然而,《春秋》毕竟是一部经书,它只是"缘鲁以言王义"。于

---

[1] 黄朴民:《何休评传》,南京大学出版社1998年版,第170页。

第七章　何休对公羊"三世"说的理论构建

是，董仲舒又提出了"王鲁"这一命题。《三代改制质文》说："故《春秋》应天作新王之事，时正黑统。王鲁，尚黑，绌夏，亲周，故宋。"应该说，"王鲁"说是董仲舒首创的，它并不曾见于《公羊传》。然而，《三代改制质文》虽然提出了"王鲁"的命题，却并没有对"王鲁"的内涵加以阐发，甚至董仲舒之后的两汉公羊学家们也都未曾对此作过系统阐述。何休的"三统"说基本上掇拾了董仲舒的陈说，也是以"新周，故宋，以《春秋》当新王"的。所不同的是，何休着重对董仲舒提出的"王鲁"命题进行了系统阐发。纵观《春秋公羊传解诂》一书，此种书法义例比比皆是，举例如下：隐公元年《春秋》记曰："公及邾娄仪父盟于眛。"《解诂》释曰："《春秋》王鲁，托隐公为始受命王。因仪父先于隐公盟，可借以见褒赏之法，故云尔。"庄公二十三年《春秋》记曰："荆人来聘。"《解诂》释曰："《春秋》王鲁，因其始来聘，明夷狄能慕王化、修聘礼、受正朔者，当进之，故使称人也。"僖公三年《春秋》记曰："公子友如齐莅盟。"《解诂》释曰："《春秋》王鲁，故言莅以见王义。使若王者遣使临诸侯盟，饬以法度。"成公二年《春秋》记曰："季孙行父、臧孙许、叔孙侨如、公孙婴齐帅师会晋郤克、卫孙良夫、曹公子手及齐侯战于鞍,齐师败绩。"《传》曰:"曹无大夫,公子手何以书?忧内也。"《解诂》释曰:"《春秋》托王于鲁,因假以见王法。明诸侯有能从王者征伐不义,克胜有功,当褒之,故与大夫。"由上可知,像先朝新王者晋爵、夷狄慕王化者褒之、王者无朝诸侯之义、王者大夫得敌诸侯等,都是何休托鲁所明之王义。

何休的"三统"说与其"三世"说之间也是有着密不可分的联系的。首先,二者都是一种解说历史发展的学说。"三统"说是对春秋以前历史发展总趋势的一种总结;而"三世"说则是对春秋历史的一种总结。如果我们不能将这两种学说结合起来加以考察的话,那么就无法对何休的历史学说有一个全面的了解。其次,从历史观而言,作为何休"三统"说之重要内涵的"王鲁"说,其间蕴含了深刻的历史发展之义。何休"王鲁"说的精神实质,正如他本人所说的,是"托王于鲁,因假以见王法"。在何休看来,孔子之所以要"王鲁",只是托鲁以立定王义、王法,表明身处乱世时代的孔子,并没有对历史发展前途失去信心,而是对未来寄予了无限的希望。反观何休本人,他所处的东汉末年

第七章　何休对公羊"三世"说的理论构建

也是一个没有王义、王法的衰世。他阐释《春秋》"王鲁"大义，其实恰恰是道出了他自己对历史的一种信仰，相信王道政治一定会在未来得以实现。由此来看，何休以"王鲁"为重要内涵的"三统"说，显然只是借助着一种循环的表象，而实际则内蕴了深刻的历史发展的思想。而何休的"三世"说则对历史发展过程作了更为具体的描绘，认为它是一个从"衰乱"到"升平"再到"太平"的不断发展过程。由此来看，何休的"三统"说与其"三世"说关于历史发展思想的表述形式虽然不同，它们的本质却是一致的，都肯定历史是不断发展的。

再说何休的"三世"说与其"异内外"说之间的关系。何休"异内外"说与先儒存在着明显的不同，这就是他将"三世"说运用来解说其"异内外"说，肯定了夷狄的不断进步与发展，认为"太平"之世将是一个"夷狄进至于爵，天下远近小大若一"的大一统之世，从而赋予了传统公羊学夷夏观以全新的涵义。按照何休"三世"进化说，在"所传闻之世"（亦即"衰乱"之世），诸夏尚未统一，故夷狄"未得殊也"，因此，也就不存在什么夷夏之辨问题。"衰乱"之世的主要矛盾是中国与诸夏的矛盾，解决这一基本矛盾的原则是"内其国而外诸夏"。具体做法则是通过不同的书法，来辨明京师与诸侯，以褒奖前者、贬抑后者，体现"尊京师"大义。

当历史进入"传闻之世"（亦即"升平"之世）时，夷狄已"可得殊"，也就有了夷夏之辨问题。何休秉承了先儒夷夏之辨观，即以礼义而不以血缘、地域来分辨夷狄。但在何休看来，在"升平"之世，夷夏之间的文明进化程度是不相等的，一般来说，诸夏可以被看作是文明的代表，而夷狄则还处于野蛮阶段。因此，在处理夷夏关系时，就应该奉行进诸夏、退夷狄的原则，也就是所谓"内诸夏而外夷狄"。何休说："于所闻之世，见治升平，内诸夏而外夷狄。"[1] 正是根据这样一种原则，何休强调在"所闻之世"必须要辨夷夏之别、严夷夏之防。为此，何休一方面反对诸夏联合甚或依附于夷狄，一方面强调诸夏都应该以保护华夏文明为己任。当然，这一时期的夷夏之辨只是一种礼义文化之辨，而不是种族血缘之辨。因此，如果夷狄

---

[1]〔汉〕何休：《春秋公羊传解诂·隐公元年》，徐彦注疏本，上海古籍出版社1990年版。

第七章 何休对公羊"三世"说的理论构建

仰慕诸夏文明,自觉行仁讲义,则一样可以"中国之"。

当历史进入"所见之世"(即"太平"之世)时,何休认为,这一时期的夷狄通过"升平"之世的不断进化,已经由野蛮而至文明,成为诸夏的一部分了。何休说:"至所见之世,著治太平,夷狄进至于爵,天下远近小大若一,用心尤深而详。故崇仁义,讥二名。"[1] 在此"夷狄进至于爵,天下远近小大若一",是何休对"太平"之世夷夏关系的一个完整表述。从中可知,何休所谓"太平"之世,已经是一个没有夷夏之别的天下一统的社会。在这个社会里,不但道德文明已经发展到了极致,而且政治、种族、文化也实现了空前的统一。当然,何休"夷狄进至于爵,天下远近小大若一"的说法,主要是表达了一种理想,而并不是客观事实。但是,这种肯定历史不断进步和发展的思想,无疑是使人鼓舞、催人奋进的。

由上可知,何休的"三世"说与其"三统"说和"异内外"说相结合,构建了一套系统的密不可分的公羊

---

[1] 〔汉〕何休:《春秋公羊传解诂·隐公元年》,徐彦注疏本,上海古籍出版社1990年版。

学术思想体系,这一历史哲学蕴含了一种历史发展、社会进步和民族一统的积极和进步的思想。因此,我们只有将何休的"三世"说与其"三统"说和"异内外"说结合起来进行考察,才能充分认识其"三世"说的时代意义和理论价值。

参考书目

一、古代典籍

[1]《论语》,诸子集成本,北京,中华书局1954年版。

[2]《孟子》,诸子集成本,北京,中华书局1954年版。

[3]《荀子》,诸子集成本,北京,中华书局1954年版。

[4]《左传》,北京,中华书局1981年版。

[5]《吕氏春秋》,诸子集成本,北京,中华书局1954年版。

[6] 贾谊:《贾谊集校注》,王洲明、徐超校注本,北京,人民文学出版社1996年版。

[7] 董仲舒:《春秋繁露》,苏舆义证本,北京,中华书局1992年版。

[8] 司马迁:《史记》,北京,中华书局1959年版。

[9] 桓宽:《盐铁论》,北京,中华书局1985年版。

[10] 扬雄:《法言》,北京,中华书局1987年版。
[11] 扬雄:《太玄》,司马光集注本,北京,中华书局1998年版。
[12] 班固:《汉书》,北京,中华书局1962年版。
[13] 王符:《潜夫论》,长沙,岳麓书社2008年版。
[14] 何休:《春秋公羊传解诂》,徐彦注疏本,上海,上海古籍出版社1990年版。
[15] 荀悦:《汉纪》,北京,中华书局2002年版。
[16] 杜预:《春秋经传集解》,四部丛刊本。
[17] 刘知幾:《史通》,浦起龙通释本,上海,上海古籍出版社2009年版。
[18] 朱熹:《四书章句集注》,新编诸子集成本,北京,中华书局1983年版。

二、近现代著作

[19] 康有为:《论语注》,北京,中华书局1984年版。
[20] 皮锡瑞:《经学通论》,北京,中华书局1954年版。
[21] 顾颉刚:《汉代学术史略》,北京,东方出版社1996年版。
[22] 吕思勉:《秦汉史》,上海,上海古籍出版社

2005年版。

[23] 徐复观:《两汉思想史》,台北,台湾学生书局1997年版。

[24] 黄晖:《论衡校释(附刘盼遂集解)》,北京,中华书局1990年版。

[25] 杨向奎:《绎史斋学术文集》,上海,上海人民出版社1983年版。

[26] 白寿彝:《中国史学史》,北京,北京师范大学出版社2004年版。

[27] 王利器:《新语校注》,新编诸子集成(第一辑),北京,中华书局1986年版。

[28] 刘泽华:《中国古代政治思想史》,天津,南开大学出版社1992年版。

[29] 吴怀祺:《中国史学思想史》,合肥,安徽人民出版社1996年版。

[30] 陈其泰、赵永春:《班固评传》,南京,南京大学出版社2002年版。

[31] 周桂钿:《秦汉思想史》,石家庄,河北人民出版社2000年版。

[32] 王永祥:《董仲舒评传》,南京,南京大学出版

社 1995 年版。

[33] 雷家骥:《两汉至唐初的历史观念与意识》,北京,书目文献出版社 1987 年版。

[34] 王葆玹:《今古文经学新论》,北京,中国社会科学出版社 1997 年版。

[35] 张大可:《司马迁评传》,南京,南京大学出版社 1994 年版。

[36] 黄朴民:《何休评传》,南京,南京大学出版社 1998 年版。

[37] 马育良:《汉初三儒研究》,合肥,黄山书社 1996 年版。

[38] 李维武:《王充与中国文化》,贵阳,贵州人民出版社 2000 年版。

[39] 韩伟表:《论司马迁对〈周易〉的范式践履》,《周易研究》2002 年第 2 期。